KB234231

제1권
알아차림을 확립하는 위빠사나 수행

제2권
실질적인 위빠사나 수행법

제3권
실질적인 통찰지혜 수행

알아차림을 확립하는 위빠사나 수행
실질적인 위빠사나 수행법
실질적인 통찰지혜 수행

2009년 10월 25일 1판 1쇄 인쇄
2009년 10월 30일 1판 1쇄 발행

지은이 마하시 아가 마하 빤디따
옮긴이 김경화
펴낸이 곽준

편집 한승희 | 표지 이희재

펴낸곳 (주)행복한 숲
출판등록 2004년 2월 10일 제16-3243호
주소 서울시 강남구 논현동 98-12 청호불교문화원 나동 3층 306호
전화 (02) 512-5255 | 팩스 (02) 512-5856
E-mail sukha5255@hanmail.net http://cafe.duum.net/vipassanacenter

ISBN 978-89-93613-03-2
ISBN 978-89-93613-02-5(세트)
값 13,000원

잘못된 책은 바꾸어 드립니다.

제1권
알아차림을 확립하는 위빠사나 수행
: 알아차림을 위한 붓다의 기초 수행법

The Satipaṭṭhāna Vipassanā Meditation
: A Basic Buddhist Mindfulness Exercise

제2권
실질적인 위빠사나 수행법
Practical Vipassanā Meditational Exercises

제3권
실질적인 통찰지혜 수행
: 기초와 진행 단계

Practical Insight Meditation
: Basic and Progressive Stages

마하시 아가 마하 빤디따 지음

김경화 옮김

행복한 숲

Publishing Permission Letter

President : U TIN WAN

MAHASI MEDITATION CENTRE

Buddha Sasana Nuggaha Organisation

No 16, Sasana Yeiktha Road, Bahan

Yangon, (Rangoon) 11201 Myanmar (Burma)

Telephone: (+95) 01 541971, 552501;

Fax: (+95) 01 289960, 289961

Date : December 9, 2003

We are requesting to translate in Korean languuage and print as Dhammadana of
the books which were written by the most venerable Sayadaw Aggamahapandita
Mahasi Mahathera and other books published by Buddha Sasana Nuggaha
Organization(BSNO), Yangon Mynamar.

If BSNO give us permission to translate and publish as Dhammadana, we will do
our best to distribute Buddhasasana in Korea.

Kwak   Joon

President

KOREA VIPASSANA MEDITATION CENTER

1-202, Keukdong Apt., Oksu-2-dong,

Seongdong-gu, Seoul, KOREA

permitted by:

U   TIN   WAN

President

MAHASI MEDITATION CENTRE

Buddha Sasana Nuggaha Organisation

펴낸이의 말

마하시 사야도는 붓다의 가르침을, 현대인에게 맞게 집대성하여 쉽게 접할 수 있도록 해주신 뛰어난 교학자이며 수행자이십니다. 붓다는 4념처 수행을 통해 슬픔과 비탄으로부터 벗어나 번뇌를 소멸시키라고 말씀하셨지만, 사실 훌륭한 스승의 지도와 체계적인 방법으로 수행을 하지 않는다면 붓다가 제시하신 통찰지혜를 얻기는 쉽지 않습니다.

마하시 사야도는 이러한 조건을 모두 갖춘 뛰어난 스승으로서 수많은 제자를 직접 지도하셨을 뿐만 아니라 주옥같은 많은 저서를 남기셨습니다. 빨리어 경전을 비롯하여 『청정도론』과 같은 주석서와 복주를 근거로, 위빠사나 수행의 기초를 체계적으로 정리하여 수행자들로 하여금 쉽고 빠르게 위빠사나 수행에 접할 수 있는 기회를 마련하여 주셨습니다.

　그리하여 도서출판 행복한 숲에서는 오늘날 우리의 큰 스승이
며 위빠사나 수행의 기초를 마련해 준 마하시 사야도의 저서를
수행자들에게 공급하려는 취지에서 마하시 센터와 출판계약을 맺
은 바 있습니다. 그러나 여건이 마련되지 않아 지금까지 좀 늦어졌
습니다. 이제 드디어, 앞으로도 계속해서 출판될 '마하시 시리즈'
중 그 첫 번째 책을 내게 되었습니다.

　이 책은 마하시 사야도의 제1권『알아차림을 확립하는 위빠사
나 수행 : 알아차림을 위한 붓다의 기초 수행법The Satipaṭṭhāna
Vipassanā Meditation : A Basic Buddhist Mindfulness Exercise』, 제2권『실질
적인 위빠사나 수행법Practical Vipassanā Meditational Exercises』, 제3권
『실질적인 통찰지혜 수행 : 기초와 진행 단계Practical Insight Meditation
: Basic and Progressive Stages』, 이 세 가지 저서를 합본하여 만들었습니
다. 연도별로 다르기는 하지만 마하시 센터에 가면 위빠사나 수행의
기본서로 제공되는 위빠사나 수행의 안내서입니다. 이 책들은 그
내용이 함축적이면서도 분량이 많지 않아 그 가운데 세 권의 책을
하나의 책에 수록하였습니다. 따라서 같은 내용이 되풀이되는 것도
있지만 강조하는 부분이 다르기 때문에 결코 같은 내용이 아님을
말씀드립니다. 다 읽어두시면 위빠사나 수행에 대한 전반적인 이해
에 도움이 될 것이라고 봅니다.

앞으로도 본 출판사에서 보유하고 있는 마하시 사야도의 저서에 대한 번역은 계속될 것이며, ‘마하시 시리즈’의 출판도 계속될 것을 약속드립니다. 아울러 이 책을 읽는 많은 독자들도 실천적인 수행을 통하여 도과를 성취하시기를 바랍니다.

차례

펴낸이의 말 · 7

제1권
알아차림을 확립하는 위빠사나 수행
─알아차림을 위한 붓다의 기초 수행법 · 13

덕망 있는 지도자─마하시 사야도 · 17
들어가는 말 · 25
알아차림을 확립하는 위빠사나 수행 · 31
위빠사나 수행의 기초적 가이드라인 · 58

제2권
실질적인 위빠사나 수행법 · 99

마하시 사야도의 삶 · 102

실질적인 위빠사나 수행법 · 119

제3권
실질적인 통찰지혜 수행
—기초와 진행 단계 · 145

들어가는 말 · 150
제1장 기본 수행 · 157
제2장 더 높은 단계의 수행 · 184
제3장 열반은 어떻게 실현되는가 · 223
제4장 어떻게 더 높은 도과에 도달하는가 · 235
부록＿명상수행의 기법 · 244

제1권

알아차림을 확립하는 위빠사나 수행

: 알아차림을 위한 붓다의 기초 수행법

The Satipaṭṭhāna Vipassanā Meditation

: A Basic Buddhist Mindfulness Exercise

차례

덕망 있는 지도자—마하시 사야도 · 17

들어가는 말 · 25

알아차림을 확립하는 위빠사나 수행 · 31

가장 중요한 세 가지 · 31
세간의 집중과 출세간의 집중 · 33
세간의 지혜와 출세간의 지혜 · 34
물질적 요소와 정신적 요소 · 35
무엇이 보는가 · 38
유신견 · 40
유신견으로부터 벗어나는 길 · 42
보고 듣는 것에 대한 알아차림 · 44
닿는 것에 대한 알아차림 · 46
마음이 시켜서 행위가 일어난다 · 47
무상, 고, 무아를 알게 된다 · 49
초보자의 알아차림 · 50

앉아 있는 자세 · 52
알아차림의 대상 · 55

위빠사나 수행의 기초적 가이드라인 · 58

일어남, 꺼짐 · 58
망상 · 60
마음의 실체 · 61
일상의 알아차림 · 65
불쾌한 느낌 · 66
장작을 비벼서 불을 지피듯이 · 68
간지러움 알아차리기 · 71
좌선과 통증 · 72
요통 환자처럼 천천히 · 74
장님처럼, 귀머거리처럼 · 76
들어서, 앞으로, 놓음 · 78
아난다 존자의 열반 · 81
누워서 하는 와선臥禪 · 84
잠들 때와 깨어나서 알아차리기 · 86
모든 것이 알아차릴 대상이다 · 88
실질적 수행에 관한 핵심 정리 · 91
삼법인의 지혜 · 94
도와 과의 지혜에 도달하기까지 · 96

덕망 있는 지도자_마하시 사야도

우리에게는 '마하시 사야도Mahasi Sayadaw'로 더 잘 알려져 있는 우 소바나 대장로는 1904년 7월 29일, 농부인 우 칸토와 도 쉐옥의 아들로 태어났습니다. 그가 태어난 곳은 세이쿤이라는 마을로 그곳은 한때 버마 왕조의 수도였던 쉐보에서 서쪽으로 11.3킬로미터 정도 떨어진 곳에 위치하고 있습니다.

마하시 사야도는 여섯 살 되는 해에 마을에 있는 한 사원이 운영하는 학교에서 공부를 시작하였고, 열두 살 때 '소바나Sobhana'라는 법명으로 사미계를 받았습니다. 스무 살이 되는 1923년 11월 26일에는 비구계를 받았고, 이후 3년 동안 버마 정부에서 주관하는 초, 중, 고 3단계 빨리어 시험을 모두 합격하였습니다.

비구계를 받은 지 4년이 되는 해에는 불교 공부에 대한 뛰어난 능력을 인정받아 만달레이로 진출하게 되었고, 거기서 명망 있는 여러 학인學人 스님 밑에서 더 많은 경전 공부를 하게 되었습니다.

5년째가 되는 해에는 몰민의 따웅웨인갈레 따익－키아웅 사원에서 경전을 가르치는 일을 시작했습니다.

비구가 된 지 8년째 되는 해에는, 다른 한 명의 비구와 함께 비구에게 허락된 최소한의 소지품(발우, 세 벌의 가사 등)만을 지닌 채 명확하고 효과적인 수행법을 찾기 위해 몰민을 떠났습니다. 마하시 사야도는 타똔에서 수행스승으로 잘 알려진 우 나라다 사야도를 만나는데, 그는 '민군 제따완 사야도 1세'로 알려진 분이기도 합니다. 이때부터 나라다 사야도의 지도하에 집중수행에 들어갔습니다.

수행에서 뛰어난 소질을 보인 마하시 사야도는 1938년 세이쿤에서 처음으로 세 명의 제자들에게 가르침을 줄 수 있었습니다. 이 세 명의 제자들 역시 눈에 띄는 성과를 보였고, 점차 세 사람의 이야기가 알려지면서 오십여 명의 마을 사람들이 집중수행에 참가하였습니다.

마하시 사야도는 이후, 몰민 사원으로부터 급히 와 달라는 요청을 받아 민군 사야도 곁에 오래 머물 수가 없었습니다. 와병 중이던 연로한 큰스님은 마하시 사야도가 돌아온 지 얼마 지나지 않아 입적하였고, 이때부터 마하시 사야도는 선원을 맡아 수행을 지도하였습니다. 이 무렵에 그는 정부가 주관하는 빨리어 경전시험을 준비하여 단번에 합격하였고, 1941년에는 '사싸나다자 스리 빠와라 담마짜리야'라는 칭호를 받고, 빨리어 강좌시험을 책임지는 역할을 맡았습니다.

일본 점령기가 되면서 그가 지도하고 있던 '따웅웨인갈레 사원'이 비행장과 가까워 공습의 우려가 있다는 이유로 피난 명령을 받았습니다. 이를 계기로 마하시 사야도는 세이쿤 수도원으로 돌아가 위빠사나 수행법에 대한 훈련과 지도를 다시 시작하였습니다. 마하시 사야도는 '마하시 키아웅Maha-Si Kyaung'이라는 수도원에 머물렀는데, 이 수도원은 엄청나게 큰 북을 소장하고 있다고 하여 '큰maha 북(버마어로 si)'이라는 이름으로 불렸습니다. '마하시 사야도'라는 명칭은 이 수도원의 이름에서 비롯하였습니다.

1945년에는 마하시 사야도의 위대한 저서인 『위빠사나 수행 입문서Manual of Vipassanā Meditation』가 나왔습니다. 이 책은 알아차림을 확립하는 수행방법론에 대한 이론과 실제를 상세하게 서술한 정통 입문서로서 전체 858페이지, 2권에 달하는 대작으로 7개월에 걸쳐 저술하였습니다. 이 책을 쓰는 동안 인근 쉐보에는 매일같이 공습이 있었다고 합니다. 이 방대한 저서 중 일부인 한 단원만이 영어로 번역되었는데, 『실질적인 통찰지혜 수행: 기초와 진행 단계 Practical Insight Meditation: Basic and Progressive Stages』라는 제목으로 일반에게 소개되었습니다.

오래 지나지 않아 마하시 사야도는 위빠사나 수행 지도자로서 쉐보-사가잉 지방 등지에 널리 알려졌고, 미얀마의 유력한 원로 정치가이자 독실한 불교 신자인 우 트윈U Thwin 경에게도 전해졌습니다. 우 트윈 경은 원래부터 덕망과 능력을 갖춘 수행 지도자가 이끄는 수행 센터를 만들어 미얀마 불교를 육성하고자 하는 뜻을 가지고 있었는데, 마하시 사야도를 직접 만나 수행 지도를 받은 뒤로는 더욱 그 뜻이 확고해졌습니다.

1947년에는 양곤에 불교진흥원Buddha Sasana Nuggaha Organization을 설립하고, 불교의 경전 연구와 수행을 발전시킨다는 목표로 우 트윈 경이 초대 원장으로 취임하였습니다. 1948년 우 트윈 경은 수행 센터를 설립하기 위하여 양곤의 코킨 지역에 있는 20,235평방미터에 달하는 대지를 진흥원에 기증하였습니다. 이곳은 현재 '불교수련원Thathana Yeiktha'이 위치한 곳으로 약 80,939평방미터 규모에 수많은 건물들이 들어서 있습니다.

1949년에는 당시 미얀마의 우 누 총리와 우 트윈 경이 마하시 사야도에게 양곤으로 와서 수행 지도를 해달라는 요청을 하였고, 그해 12월 4일 사야도는 양곤에서 처음으로 스물다섯 명의 수행자에게 위빠사나 수행법을 설하였습니다. 마하시 사야도가 양곤에서 수행을 지도한 지 불과 몇 년 안에 미얀마에는 비슷한 수행 센터가 백여 군데나 생겨났습니다. 태국, 스리랑카 등의 상좌부 불교 국가에도 수행을 지도하는 수련원이 만들어졌습니다. 1972년에 조사한 바에 의하면, 미얀마 및 해외의 수행 센터에서 지도받은 수행자의 수가 칠십만 명을 넘었다고 합니다. 동양은 물론 서구 몇몇 나라에도 위빠사나 수행법이 계속 퍼져 나갔습니다.

붓다 탄생 2,500년을 기리는 역사적인 제6차 결집(Chattha Sangayana, 1956)이 2년에 걸쳐 양곤에서 열렸을 때도, 당시 마하시 사야도는 중요한 역할을 하였습니다. 그는 이 결집에서 구전설법口傳說法을 승인하는 최종 인증자 중의 한 사람이었습니다. 그뿐 아니라 그는 구전설법 내용 각각에 대하여 질문을 던지는 질문자의 역할도 하였습니다. 그의 질문에 대하여는 뛰어난 기억력을 가진 박식한 승려인 위찌따사라 비왐사의 이름으로 답변하였습니다. 이 역할은 매우 중요한 것으로서 붓다의 열반 100일 이후 행해진 첫 번째 결집 때는 마하 까사빠가 질문 인도자의 역할을 맡았고, 우빨리와 아난다 존자가 답변자 역할을 했다고 전해지고 있습니다. 삼장三藏 구전설법 암송이 끝나면 고대로부터 전해 내려오는 주석서에 대한 면밀한 검토가 진행되는데, 이때도 마하시 사야도는 중요한 역할을 맡았습니다.

이러한 여러 가지 임무를 수행하는 가운데서도 마하시 사야도는 학문적으로 깊이 있고 뛰어난 저서를 여러 권 남겼습니다. 70여 권에 달하는 그의 저술서와 번역서의 대부분은 미얀마어로 되어 있고, 나머지 몇 권은 빨리어로 되어 있습니다. 저서들 중에는 특별히 빨리어 원저를 미얀마어로 번역하여 주석을 달아 편찬한 『청정도론淸淨道論, Visuddhi Magga』이 잘 알려져 있습니다. 빨리어 원전으로 된 『청정도론』은 방대한 분량과 심오한 내용, 언어학적 해석의 어려움 등으로 불교학자들에게도 매우 까다로운 책으로 되어 있는데, 마하시 사야도는 세심하고 치밀한 주석을 추가하여 이 책을 번역하였습니다. 1957년 마하시 사야도는 '아가 마하 빤디따' 상을 받았습니다.

마하시 사야도는 명상 지도와 저술 등으로 바쁜 가운데서도 붓다의 가르침에 대한 수많은 임무를 수행하였습니다. 제6차 결집 준비를 위해 다녀온 두 차례의 해외 순방 이후에도, 위빠사나 수행 지도 및 강연을 위해 많은 국가를 방문하였습니다. 태국(1952년, 1980년), 캄보디아, 베트남(1952년), 인도(1953년, 1959년, 1981년), 스리랑카(1953, 1959년, 1980년), 일본(1957년), 인도네시아(1959년), 미국의 하와이, 영국 등 유럽(1979년), 싱가포르, 말레이시아(1980년), 네팔(1981년) 등 수많은 해외 순방 기록이 있습니다.

빡빡한 일정 속에서도 마하시 사야도는 스스로의 수행을 게을리 하지 않았기 때문에 현명한 수행 지도가 결코 무디어진 적이 없었습니다. 78수의 삶을 누리면서 그는 깊은 신심을 바탕으로 항상 몸과 마음의 활력이 넘쳤다고 합니다. 1982년 8월 14일 마하시 사야도는 심장마비로 세상을 떠났습니다. 세상을 떠나기 전날 저녁에도 새로 들어온 수행자들의 수행 입문 지도를 하였다고 합니다.

마하시 사야도는 날카로운 지성과 학문적 뛰어남뿐 아니라 심오한 수행 경험을 두루 갖춘, 드문 지도자 중의 한 분이었습니다. 그는 붓다의 학문적 사상뿐 아니라 수행에 대한 모든 것을 효과적으로 지도할 수 있었습니다. 저서나 지도연설을 통해 알려진 그의 가르침은, 지금까지도 동서양의 수많은 수행자들에게 큰 영향을 끼치고 있습니다. 지금도 그는 가장 인정받는 동시대의 불교 지도자 중의 한 분으로 꼽히고 있습니다.

마하시 사야도의 영문 번역 저서 목록

The Progress of Insight through the Stages of Purification. With the Pali text. (1)

Practical Insight Meditation. Basic and Progressive Stages (1)

Practical Vipassanā Meditational Exercises. (2)

Purpose of Practising Kmmatthana Meditation. (2)

The Wheel of Dhamma (Dhammacakappavattana Sutta) (2)

1) Buddhist Publication Society, Kandy, Sri Lanka

2) Buddha Ssana Nuggaha Organization, 16 Sasana Yeikha Road, Yangon, Myanmar

들어가는 말

알아차림을 확립하는 수행〔Satipaṭṭhāna〕1) 또는 알아차리는 수행이란, 정신적인 계발을 통해 궁극적인 깨달음을 실현하고자 하는 모든 사람들에게 붓다께서 권하신 수행법입니다.

불교는 그 자체가 기본적으로 도에 이르는 실질적인 방법으로서, 이러한 깨달음을 실현하기 위하여 만들어진, 몸과 마음에 대한 기술적 체계입니다.

---

1) 알아차림의 확립 : 알아차림의 확립을 빨리어로 사띠빠타나satipaṭṭhāna라고 한다. 사띠빠타나는 알아차림을 뜻하는 사띠sati와 출발, 촉진, 발취發趣를 뜻하는 빠타나paṭṭhāna의 합성어이다. 사띠빠타나는 '알아차림의 확립', '면밀하게 알아차림', '염처念處' 등의 여러 가지 의미가 있는데, 이는 알아차림을 실천하는 것을 말한다.

붓다께서 어떻게 수행을 할 것인가를 설명한 경전을 빨리어로 사띠빠타나 수타satipaṭṭhāna sutta라고 하는데, 이것을 '염처경念處經' 또는 '알아차림을 확립하는 경'이라고 한다. 알아차림을 확립하는 경에 근거하여 수행하는 방법에는 사마타 수행과 위빠사나 수행이 있다.

양곤 명상수련원의 정신적 지도자인 마하시 사야도가 집필한 이 소책자는 붓다의 명상수행에 관한 전반적인 기초를 서술한 것입니다.

이런 형태의 명상수행은 수행자의 의식을 증장시켜 그 마음을 직면하도록 하는 것을 목표로 하기 때문에 불교도뿐 아니라 비불교도들에게도 유익한 수행법일 것입니다.

불교 심리학인 『논장論藏』2)은 내 마음이 내가 아니라는 것을 설하고 있습니다. 나의 몸이 내가 아니라는 것은 누구나 알고 있습니다. 그러나 나의 마음이 내가 아니라는 것을 알기는 쉽지 않습니다. 왜냐하면 사람은 마음속에서 일어나는 생각, 느낌, 충동, 감정, 감각 등을 '나'라는 존재와 동일시하고 있기 때문입니다. 이런 것들 하나하나가 자신을 잘못된 길로 이끌고 갑니다. (그러나) 알아차림

---

2) 『논장(論藏, abhidhamma)』: 불교의 경전에는 경장, 율장, 논장의 삼장三藏이 있다. 이 중에서 논장을 빨리어로 아비담마abhidhamma라고 한다. 논장은 불교 교리 중에서 존재에 대해서 분석한 경전이다. 아비담마는 '~에 대해서', '뛰어난'이란 뜻의 접두사 아비abhi와 '법法'이란 뜻의 담마dhamma의 합성어이다. 그래서 '법에 대하여' 또는 '수승殊勝한 법'이라는 뜻으로 쓰인다.

『아비담마』는 붓다께서 깨달음을 얻고 4주째에 완성한 교리이며, 이때 붓다의 후광이 생겼다. 『아비담마』는 붓다께서 천상에 있는 천인에게 설한 내용을 사리불 존자에게도 설하여 제자들에게 전해진 경전이다.

의 수행을 하면, 일어남, 사라짐을 알게 되고, 이런 다양한 생각과 느낌 등이 일어나고 사라지는 것을 지켜볼 수 있게 됩니다. 그렇게 함으로써 점차적으로 이것들로부터 거리를 유지하며 집착하지 않는 감각을 계발하게 됩니다.

그러면 더 이상 집착하지 않게 됩니다. 이는 정신적 갈등으로부터 벗어나 내면으로부터의 평화로움을 경험할 수 있다는 것을 의미합니다. 수행을 지속함으로써 삶에 대한 통찰과 지혜를 쌓게 되고, 환상과 무지의 이면에 존재하는 진실에 다가갈 수 있습니다.

마하시 사야도는 1949년 11월 10일, 당시 미얀마 총리와 미얀마 불교진흥원장의 요청으로 양곤에서 수행 지도를 시작하였습니다. 공식적으로는 1949년 12월 4일에 양곤에서 수련원을 개원했는데, 이때 마하시 사야도가 25명의 수행자에게 처음으로 설한 내용이 '알아차림을 확립하는 위빠사나vipassanā[3] 수행'이었습니다.

---

3) 위빠사나vipassanā : 위빠사나는 '다르다', '분리하다'를 뜻하는 위vi와 '주시', '수관隨觀'이라는 뜻의 빠사나passanā의 합성어이다. 그래서 위빠사나는 '올바른 직관' 또는 '내관적 지혜' 등의 뜻으로 쓰인다.
　위빠사나 수행은 붓다께서 깨달음을 얻은 수행으로 몸, 느낌, 마음, 법이라는 네 가지 대상을 알아차리는 수행이다. 붓다께서는 『염처경』에서 위빠사나 수행이 아니고서는 깨달음에 이를 수 없다고 하셨다. 이는 위빠사나가 선정수행이 아니고 지혜수행이기 때문이다. 오직 위빠사나 수행의 알아차림으로 대상의

개원 첫날 이후 마하시 사야도는 집중수행을 위하여 수련원을 찾는 수행자들을 대상으로 우선 알아차림을 확립하는 위빠사나 수행에 대한 설명을 하고, 목적과 방법론, 수행을 통해 얻어지는 이익 등에 대하여 말씀하였습니다. 이 법문은 1시간 30분가량 걸렸는데, 불교진흥원에서는 마하시 사야도가 매일 되풀이하여 말씀하지 않도록 1951년 7월 27일 15명의 수행자에게 설한 강론을 녹음하였습니다. 이후에는 이 법문이 오디오테이프를 통해 수행자에게 전달되었고, 사야도는 법문을 시작하는 서문 강론만을 설하게 되었습니다.

이후 많은 수련원이 생겨나고, 마하시 사야도의 알아차림을 확립하는 위빠사나 수행에 대한 법문 요청도 많아지면서 이 법문은 1954년 책으로 출간되어 수차례 개정판을 내기에 이르렀습니다.

미얀마어를 알지 못하는 외국으로부터의 법문 요청이 많아 영문 번역판이 나오게 되었습니다. 이 번역판은 수련원이 생긴 지 얼마 되지 않은 초창기에 이곳에서 위빠사나 수행 과정을 거친 영국 해군 샤톡 소장의 통역을 맡았던 마하시의 제자 우 뻬 틴이 번역했습니다.

성품을 통찰하여 열반에 이르게 된다.

불교 전문 용어에 대한 설명

담마Dhamma[4] : 1) 붓다의 가르침, 2) 진리, 3) 궁극적 실재, 4) 바른 행위,
5) 의식의 내용을 구성하는 심적 과정 등을 뜻한다.

냐나Ñāṇa : 깨달음과 지혜에 대한 직관력 또는 이를 인지할 수 있는 능력을
뜻한다.

사마디Samādhi[5] : 1) 일반적인 주의력, 2) 한곳으로 의식을 모으는 집중력,
3) 열중, 집중을 통한 황홀경과 같은 경지, 4) 다양한 명상수행을 칭하는
일반적인 명칭 등의 뜻을 갖고 있다.

불교 심리학인 『논장』이 목표로 하는 것은, 마음이 실제로는 보편적으
로 일어나는 한 과정으로서, 무수히 일어나는 기본적인 심리적 사건들의
집합체, 법dhamma이라는 것을 보여주기 위한 것이다.

마음을 주시하는 수행을 통해 수행자는, 오온五蘊[6] 속에 나 또는

---

4) 담마dhamma : 담마는 매우 포괄적인 의미를 갖고 있지만, 크게는 '진리'라는
뜻과 수행을 할 때 알아차릴 '마음의 대상'이라는 두 가지로 구별하여 사용한다.
보편적으로 쓰이는 내용은 알아차릴 대상을 말한다. 담마를 한문으로 법法이라
고 한다.

5) 사마디samādhi : 사마디는 고요한 마음의 집중을 말한다. 수행을 시작할
때 일차적으로 알아차림과 집중과 노력이 있어야 한다. 집중은 사마타 수행의
근본집중이 있고, 사마타와 위빠사나에서 함께 사용되는 근접집중이 있으며,
위빠사나 수행의 찰나집중이 있다. 집중을 삼매三昧라고도 한다.

자아自我라고 하는 지속적인 개념의 실체는 없다는 것을 깨닫게 된다. 이 깨달음의 결과로 마음속에서 일어나는 충동, 감정, 생각, 느낌, 감각 등에 대한 집착에서 벗어나게 된다. 이러한 깨달음이 지혜panna이다.

---

6) 오온五蘊 : 몸과 마음을 구성하고 있는 다섯 가지 무더기이다. 경전에서는 오온을 색, 수, 상, 행, 식으로 분류한다. 이것들은 각자 무더기로 모여서 구성되었기 때문에 온蘊을 사용한다. 『논장』의 12연기적 오온은 (재생연결)식, 명색, 육입, 촉, 수이다. 이는 생명이 원인과 결과로 인해 진행되는 과정을 나타낸 것이다.

알아차림을 확립하는 위빠사나 수행

가장 중요한 세 가지

붓다의 가르침sāsana에 있어서 모든 사람들이 가장 중요하게 여겨야 하는 것은 계율(戒, sila)과 집중(定, Samādhi), 지혜(慧, paññā)의 세 가지를 계발하는 일입니다. 사람들은 의심할 여지없이 이러한 세 가지 덕목을 갖추어야 합니다.

재가자들에게는 재가자가 지켜야 할 최소한의 다섯 가지 덕목〔五戒〕이 있고, 비구들에게는 비구가 지켜야 할 계율〔patimokkha sila〕이 있습니다. 계율을 잘 지키는 사람은 인간이나 천인天人으로서의 행복한 존재로 태어날 수 있습니다. 하지만 이런 세속적인 계율을 지키는 것만으로는 지옥, 축생, 아귀와 같은 저급한 존재로 태어나는 것으로부터 안전하지가 못합니다.

　　그러므로 한층 차원 높은 출세간의 계율을 지키는 것이 바람직한데, 이 계율을 도와 과의 계율〔magga-phala sila〕이라고 합니다. 출세간의 차원에서의 계율을 지키는 사람은 낮은 존재로 태어나지 않고 인간 또는 천인으로서의 행복한 삶을 누릴 수 있습니다. 그래서 누구나 출세간의 계율을 추구하는 것을 우리의 의무라고 생각해야 합니다.

　　진지하게 열심히 일하는 사람이라면 누구나 성공하기를 바랍니다. 계율을 지키지 못한 까닭에, 스스로 만든 불선업의 과보로 수만 년 동안 벗어날 수 없는 지옥, 축생, 아귀 등의 저급한 존재로 윤회하는 것은 실로 안타까운 일입니다. 붓다의 가르침은 이러한 출세간의 계율을 추구하기 위한 것이라는 사실을 알아야 합니다.

　　계율을 지키는 것만으로는 안 됩니다. 집중수행을 함께해야 합니다. 빨리어로 사마디samādhi란, 집중되어 있는 고요한 마음의 상태를 의미합니다. 일반적으로 수행을 하지 않은 마음은 이런저런 생각에 떠돌기 마련입니다. 제어되지 않은 마음은 생각, 상상, 망상 등을 좇습니다. 마음이 돌아다니지 않게 하기 위해서는 지속적으로 한 가지 대상에 집중하는 것에 전념해야 합니다. 훈련을 지속하다 보면 돌아다니는 마음이 점차로 안정되어 원하는 하나의 대상에 집중하는 것이 가능하게 됩니다. 이것이 사마디, 즉 '집중'의 상태입니다.

세간의 집중과 출세간의 집중

집중에는 두 가지의 형태가 있습니다. 세간의 집중〔lokiya jhāna〕과 출세간의 집중〔lokuttara jhāna〕이 있습니다. 그중에서 세간의 집중은, 호흡을 주시하는 아나빠나(수식관), 자애명상, 카시나(사마타 수행의 대상)에 대한 집중명상과 같은 사마타 수행(止, samatha bhāvanā)을 통해서 색계 삼선정三禪定과 무색계 사선정四禪定에 이를 수 있습니다. 이를 통해서는 범천계에 태어날 수 있습니다.

범천계에서의 수명은 매우 길어서 한 세계의 주기가 8만4천 번 되풀이할 때까지 지속됩니다. 그러나 범천계의 삶도 결국은 다하게 되어 있어서 인간이나 천인으로 다시 태어날 수밖에 없습니다. 그동안에 선업을 꾸준히 쌓으면 고귀한 존재로서의 유복한 삶을 유지할 수 있지만, 그렇다 하더라도 번뇌kilesa로부터 자유롭지 못하기 때문에 불선不善한 행을 할 수 있습니다. 그런 경우에는 그 불선행의 과보로 지옥이나 저급한 존재로 태어나게 됩니다.

결국 이러한 세속적인 집중으로는 확실하게 (이곳으로 가지 않는다는) 보장을 받지 못합니다. 그러므로 출세간의 집중인 도의 집중〔magga samādhi〕과 과의 집중〔phala samādhi〕을 추구하는 것이 바람직합니다. 이러한 집중을 얻기 위해서는 필연적으로 지혜를 갖추어야 합니다.

세간의 지혜와 출세간의 지혜

지혜는 세간의 지혜와 출세간의 지혜, 두 가지 형태로 나누어
볼 수 있습니다. 문학이나 예술, 과학 또는 여러 가지 세상사에
대한 지식에서도 일반적으로 지혜를 찾아볼 수 있지만, 이러한 지혜
는 명상 계발인 수행(修行, bhāvanā)과는 관련이 없습니다.

또 이런 것들은 진실한 가치를 지닌다고 하기 어렵습니다. 왜냐
하면 이러한 지식들은 탐욕, 증오, 선하지 못한 동기 등에 의해
악용될 수 있고, 또 이를 통해서 파괴, 살상의 무기와 같은 것들이
만들어질 수 있기 때문입니다.

그러나 세간의 지혜가 가지고 있는 진정한 의미는 어떤 결함도
없이 오직 좋은 점만을 지니는 것입니다. (여기에는) 복지시설과 같은
곳에서 남에게 해를 끼치지 않고 봉사하면서 얻어지는 지혜, 경전의
의미를 배워서 얻어지는 지혜, 그리고 통찰지혜 수행(위빠사나 수행)을
통해서 얻어지는 세 단계의 지혜가 있습니다.

통찰지혜 수행을 통해 얻어지는 지혜에는 배워서 아는 문혜聞慧, 숙고를 통해 얻는 사혜思慧, 수행을 통해 얻는 수혜修慧 등 세 가지가 있는데 이것들이 세간의 지혜입니다.

이러한 지혜를 갖추면 고귀한 존재로서 행복한 삶을 누릴 수 있습니다. 하지만 이 역시 저급하고 불행한 존재로 떨어지는 것을 막을 수는 없습니다. 출세간의 지혜를 계발하는 것만이 이러한 위험을 막을 수 있습니다.

출세간의 지혜란, 도과道果를 말합니다. 이러한 지혜를 계발하기 위해서는 수행을 통한 통찰지혜(위빠사나 수행)를 계발할 필요가 있는데, 이는 앞에서 언급한 계율, 집중, 지혜 세 가지를 말합니다. 지혜가 충분히 성숙하면 계율과 집중 또한 충분히 채워집니다.

물질적 요소와 정신적 요소

이러한 지혜를 계발하는 방법은 몸을 구성하고 있는 두 가지 요소인 정신과 물질을 실재하는 모습 그대로 주시하는 것입니다. 요즘에는 연구소에서 다양한 기구를 사용해 물질을 분석적으로 관찰하는 실험이 진행되고 있지만, 이런 방법으로는 마음을 아는 것이 불가능합니다.

붓다의 방법론으로는, 외부의 도움이나 기구 없이도 물질과 마음을 모두 잘 아는 것이 가능합니다. 이는 몸에서 일어나는 물질과 정신의 활동을 주의 깊게 지켜보기 위해 자신의 마음을 그곳에 겨냥하는 것입니다. 이러한 훈련을 지속하면 집중의 상태에 도달하고, 집중이 깊어지면 물질과 정신에서 끊임없이 일어나고 사라지는 과정을 생생하게 알아차릴 수 있습니다.

몸은 물질과 정신의 두 요소로 이루어져 있습니다. 몸의 '실재하는 것'은 물질적 요소입니다.

몸은 지(地, pathavi), 수(水, apo), 화(火, tejo), 풍(風, vayo), 안(眼, cakkhu), 색(色, rūpa)과 같은 28개의 요소로 이루어져 있습니다. 그래서 몸을 물질의 모임인 색온色蘊이라고 합니다. 예컨대 진흙이나 밀로 만든 인형이 있다면, 이는 진흙 덩어리나 밀가루 덩어리에 지나지 않습니다. 이런 물질은 뜨거움, 차가움과 같은 외부 조건에 의해 변화합니다. 이렇게 물질적 조건에 의해 변하는 속성을 가지고 있어서 물질(色, rūpa)이라고 합니다. 물질은 대상을 인지할 능력이 없습니다.

붓다의 말씀인 세 경전 중의 하나인 『논장論藏』은 형이상학적,

심리학적 주제를 다루고 있는데, 정신과 물질의 요소를 각각 '의식
이 있는 법'과 '의식이 없는 법'으로 분류하고 있습니다. 마음은
대상이 있고 그 대상을 알 수 있는 반면, 물질은 대상이 없고 대상을
아는 기능이 없습니다.

『논장』에서도 물질은 대상을 인지할 능력이 없다고 직접적으로
서술하고 있습니다. 수행자들도 "물질적 요소는 인지 능력이 없다"
고 말합니다. 통나무, 기둥, 벽돌, 돌, 흙덩어리 등은 물질이므로
인지 능력이 없습니다. 살아 있는 육체를 구성하고 있는 물질적
요소도 이와 마찬가지로 인지 능력이 없습니다. 죽은 육체를 구성하
고 있는 물질적 요소도 물론 인지 능력이 없습니다. 그러나 사람들
은 살아 있는 육체에 인지 능력이 있다고 생각합니다.

그렇다면 지금 대상을 인지하고 있는 것은 무엇인가? 그것은
물질에 의존해서 존재하고 있는 정신적 요소입니다. 물질에 의존하
고 있기 때문에 나마nāma라고 하며, '생각' 또는 '의식'이라고 말합
니다.

눈에 의해서 보는 의식〔眼識〕이 일어나고,
귀에 의해서 듣는 의식〔耳識〕이 일어나며,
코에 의해서 냄새를 맡는 의식〔鼻識〕이 일어나고,

혀에 의해서 맛을 아는 의식〔舌識〕이 일어나며,
몸에 의해서 감각의 의식〔身識〕이 일어납니다.

닿는 느낌은 다양하게 나타나는데, 좋은 느낌이 있고 나쁜 느낌이 있습니다. 몸의 전체 안팎에서 여러 가지 활동이 일어나는 동안 감각기관인 눈, 귀, 코, 혀와 같은 한정된 공간에서 보고, 듣고, 냄새 맡고, 맛보는 감각이 일어납니다. 이러한 감각, 시각 등은 마음의 한 요소일 뿐입니다. 또한 의근意根에 의존해서 의식(사상, 생각, 상상 등)이 생겨납니다. 이러한 것들이 정신적 요소입니다. 마음은 물질과는 다르게 대상을 아는 능력을 가지고 있습니다.

무엇이 보는가

사람들은 일반적으로 '눈이 사물을 본다'고 생각합니다. 흔히 눈과 본다는 것은 동일하다고 생각합니다. 또한 '보고 있는 것은 나다. 내가 사물을 본다. 눈과 본다는 것은 나와 동일하며 같은 존재다'라고 생각합니다.

그러나 실제로는 그렇지 않습니다. '눈'과 '본다는 것'은 별도의 작용이며, '나' 또는 '자아'라고 일컬을 만한 독립된 개체는 없습니다.

오직 눈에 의존해서 '본다는 것'이 있을 뿐입니다. 예를 들어 집에 앉아 있는 사람이 있다고 하면, 집과 사람은 서로 다른 존재입니다. 집은 사람이 아니고 사람은 집이 아닙니다. 볼 때도 이와 마찬가지입니다. '눈'과 '본다는 것'은 서로 다른 것입니다. 눈이 보는 것이 아니고, 보는 것은 눈이 아닙니다.

또 다른 예로, 어떤 사람이 방에서 창문을 열고 창문을 통해 여러 가지 것들을 본다고 합시다. "보는 것은 누구인가? 창문인가 혹은 그 사람인가?"라고 묻는다면, "창문은 사물을 보는 능력이 없습니다. 볼 수 있는 것은 사람일 뿐입니다"라고 대답할 것입니다.

다시 "사람은 창문 없이 밖의 것들을 볼 수 있는가?"라고 묻는다면, "창문 없이 벽을 통해서는 바깥을 볼 수가 없습니다. 창문을 통해서만 바깥을 볼 수 있습니다"라고 대답할 것입니다.

이와 같이 눈과 보는 것은 서로 다릅니다. 눈이 보는 것이 아니며 보는 것은 눈이 아닙니다. 하지만 눈이 없이는 본다는 행위가 불가능합니다. 본다는 행위가 일어나는 순간, 물질〔目〕과 정신〔眼識〕이라는 별개의 요소가 존재한다는 것은 명백한 일입니다.

이와 함께 세 번째의 물질적 요소인 시각적 대상이 존재합니다.

대체로 시각적 대상은 신체 바깥에 존재합니다. 이 세 번째 요소를 포함하여 볼 때, 눈과 시각적 대상이라는 두 가지 요소는 물질이며, 본다고 하는 것은 정신적인 것입니다. 눈과 시각적 대상은 물질적 요소이기 때문에 대상을 인지하는 능력을 갖고 있지 않지만, 정신적 요소인 '보는 것'은 대상을 인지하고 그것이 어떻게 생겼는지도 알 수 있습니다. 그러므로 '본다'는 행위에는 물질과 마음이라는 두 가지 요소가 존재하며, 이 두 요소가 짝을 이루어 일어남으로써 이 행위가 이루어진다고 정리하여 말할 수 있습니다.

유신견

위빠사나 수행에 대한 지식과 경험이 없는 사람들은 '나, 자아, 살아 있는 실체, 인간' 등의 존재가 보는 행위를 한다고 생각합니다. '보는 것은 나다. 내가 보고 있다. 내가 알고 있다'라고 생각합니다.

이러한 생각 또는 믿음을 유신견(有身見, 자아가 있다고 생각하는 그릇된 견해, sakkāyadiṭṭhi)이라고 합니다. 사카야(sakkāya)는 별도로 존재하는 물질rūpa과 정신nāma의 무리를 뜻합니다. 디티diṭṭhi란 잘못된 믿음과 견해를 의미합니다. 복합어인 사카야디티는 물질과 정신이 실제로 존재한다는 잘못된 견해 혹은 믿음을 의미합니다.

더 분명히 말하자면, 이러한 잘못된 견해 혹은 믿음을 놓지 않고 집착하는 사고방식이라고 할 수 있습니다.

'본다'는 행위를 하는 순간에 실제로 존재하는 것은 물질의 무리〔色蘊〕에 속하는 눈과 시각적 대상 그리고 정신의 무리〔識蘊〕에 속하는 '보는 것'입니다. 크게 보면 물질과 마음의 두 부류가 존재합니다.

그렇지만 사람들은 이 요소의 무리가 '나, 자아, 살아 있는 실체'라고 생각합니다. '보는 것은 나다, 또는 내가 보고 있다, 또는 내가 나의 몸을 본다'고 생각합니다. 이러한 잘못된 견해로 인해서 '보는 행위'를 '나'라고 잘못 인식하게 되는 것인데, 이것을 사카야디티라고 하는 것입니다.

유신견에서 벗어나지 않는 한, 지옥, 축생, 아귀 등의 불행한 존재로 떨어질 위험이 존재합니다. 선업의 결과로 인해 인간이나 천인으로서의 행복한 삶을 살 수는 있으나, 악업의 결과로 인해 불행한 삶을 살아야 하는 단계로 떨어질 수도 있습니다.

이 때문에 붓다께서는 유신견으로부터 벗어나기 위해 노력해야 한다고 말씀하셨습니다.

유신견으로부터 벗어나는 길

Sakkya diṭṭhippahānaya sato bhikkhu paribbaje
사끼야 디티빠하나야 사또 비꾸 빠리빠제

이상 언급한 말씀은 다음과 같은 의미를 가지고 있습니다.

"수행자는 유신견을 버리고 알아차림을 통해서 번뇌로부터 벗어난다."

누구나 늙거나 병들거나 죽는 것을 피하고 싶어 하지만, 어쩔 수 없이 사람은 언젠가 그 길로 갈 수밖에 없습니다. 그리고 죽은 뒤에는 다시 태어납니다.

그러나 자기가 원하는 곳에 태어나게 되는 것은 아닙니다. 자신이 원치 않는다고 해서 지옥, 축생, 아귀 등의 존재로 재생再生하는 것을 막을 수가 없습니다. 행위의 결과로 인해 다시 태어나는 곳이 결정될 뿐 선택의 여지가 없습니다. 그렇기 때문에 윤회saṁsāra는 매우 무서운 것입니다.

이런 이유에서 비참한 윤회의 조건을 잘 알고, 끝없이 되풀이되는 윤회에서 벗어나는 열반을 얻기 위한 노력을 해야 한다는 것입니다. 당장 윤회의 사슬에서 벗어나는 것은 불가능하더라도 이러한 노력은 지옥, 축생, 아귀 등으로 다시 태어나는 것을 막을 수 있게 해줄 것입니다. 이를 위해서는 자아가 존재한다는 잘못된 견해에서 벗어나기 위한 노력을 해야 합니다. 이 같은 잘못된 견해가 불행한 존재로 다시 태어나게 하는 근본 원인이기 때문입니다.

잘못된 견해는 성스러운 도과(道果, ariya maggaphala)를 통해서, 그리고 계율, 집중, 지혜의 세 가지 덕목을 통해서 벗어날 수 있습니다. 그렇기 때문에 이러한 덕목을 계발하기 위해 절대적인 노력을 기울여야 한다는 것입니다.

그렇다면 어떻게 할 것인가? 이를 위해서는 우선 사또sato, 즉 알아차림과 주시를 통해서 빠리빠제paribbaje, 즉 번뇌kilesa의 지배로부터 벗어나야 합니다. 듣고 보는 등의 모든 행위를 지속해서 알아차리고 지켜보는 수행을 해야 합니다. 그것들은 몸에서 일어나는 육체적, 정신적인 요소로서 이에 대한 유신견이 제거될 때까지 수행해야 합니다.

이러한 이유로 이곳에서는 항상 위빠사나 수행을 하라고 권하고 있습니다. 지금 위빠사나 수행을 할 목적으로 이곳에 온 수행자들은 짧은 시간 내에 훈련과정을 마치고 성자의 도에 이를 수도 있습니다. 그렇게 되면 유신견을 모두 벗어날 수 있으며, 궁극에는 지옥, 축생, 아귀 등의 존재로 윤회하지 않게 됩니다.

보고 듣는 것에 대한 알아차림

그런 의미의 위빠사나 수행은 보는 행위에 대한 실재하는 요소들을 단순하게 알아차리거나 또는 지켜보는 것입니다. 보는 행위에 대한 모든 것을 '봄, 봄' 하면서 알아차려야 합니다. 알아차린다, 지켜본다, 주시한다는 등의 용어는 대상을 분명하게 알기 위해 마음을 지속적으로 대상에 고정하는 것을 뜻합니다.

'봄, 봄'이라고 알아차리면서 마음을 대상에 지속적으로 고정시키고 있기 때문에, 그 순간의 시각적 대상을 알아차릴 수도 있고, 그 순간의 보는 의식인 안식眼識을 알아차릴 수도 있으며, 그 순간의 보는 기관인 안근眼根을 알아차릴 수도 있습니다.

이상 세 가지 요소 중 어떤 것을 겨냥하여 알아차리는가에 따라 그 결과가 달라질 수 있습니다.

만약 알아차림이 없으면, 본다는 행위에 자아라는 잘못된 유신견이 깔려 있기 때문에 사람의 모습 또는 사람과 관련된 것이 본다고 생각하는 견해를 갖게 됩니다. 그리고 영원한 것[nicca], 행복한 것[sukha] 또는 자아[atta]로 보게 됩니다. 이는 집착과 갈애를 낳습니다.

이러한 번뇌는 바로 행위가 되고, 행위는 윤회를 낳습니다. 이 때문에 부질없는 윤회의 순환이 끊임없이 지속됩니다. 그러므로 보는 행위의 근본에서부터 이를 차단하기 위해서는 매 순간 볼 때마다 '봄, 봄'이라고 알아차리는 것이 필요합니다.

이와 마찬가지로, 듣는 행위에 있어서도 물질과 정신의 두 가지 다른 요소가 존재합니다. 듣는 행위는 귀에 의존해서 일어납니다. 귀와 소리가 물질적 요소라면, 듣는 의식[耳識]은 정신적 요소입니다.

이 두 가지의 정신적 요소와 물질적 요소를 분명하게 알기 위해서는 매 순간 들을 때마다 '들음, 들음'이라고 알아차리는 것이 필요합니다.

이와 같이 냄새를 맡을 때도 매 순간 '냄새 맡음, 냄새 맡음'이라고 알아차리고, 맛을 볼 때도 매 순간 '앎, 앎'이라고 알아차려야 합니다.

닿는 것에 대한 알아차림

또한 몸의 감각을 알거나 느끼는 경우에도 알아차려야 합니다. 몸에는 어디에나 닿는 것을 접수하는 신경조직인 감각기관(感覺機關, kāya pasāda)이라는 물질적 요소가 있습니다. 좋은 느낌이거나 나쁜 느낌이거나 모든 종류의 감각에는 신경조직을 통해 감촉이 생기고, 그럴 때마다 접촉이 일어났다는 것을 느끼거나 아는 신식(身識, kāya viññaṇa)이 일어납니다.

그러면 모든 접촉〔觸〕이 있을 때마다 두 가지의 물질적 요소가 있음을 알게 될 것입니다. 하나는 감각기관과 감각(感覺)이라고 하는 물질적 요소이고, 다른 하나는 닿았다는 것을 아는 정신적 요소입니다. 접촉하는 매 순간마다 이 요소들을 명확하게 알아차리기 위해서는 '닿음, 닿음'이라고 아는 알아차림이 있어야 합니다.

이상은 닿는 느낌에 대한 일반적인 언급을 한 것입니다. 고통의 느낌 또는 불쾌한 느낌, 이를테면 뻣뻣함, 몸과 팔다리의 피곤함, 화끈함, 아픔, 저림, 통증과 같은 특별한 형태의 느낌도 있습니다. 이 경우에는 느낌vedāna이 매우 강하기 때문에 '뜨거운 느낌', '피곤한 느낌', '아픔' 등이라고 알아차려야 합니다.

마음이 시켜서 행위가 일어난다

손이나 발이 구부리거나 뻗는 등 움직이는 동작을 할 경우에도 다양한 느낌이 일어날 수 있습니다. 마음이 움직이거나 뻗거나 구부리겠다고 생각을 했기 때문에 움직이거나 뻗거나 구부리는 등 일련의 물질적 행위가 연속해서 일어납니다. 지금은 이런 일들이 벌어지는 것을 알아차리지 못할 것입니다. 이는 어느 정도 수행을 해야만 알아차릴 수 있습니다. 알아두자는 의미에서 언급한 것입니다.

이렇게 움직이고 변화하는 모든 행위는 마음으로 인해 일어납니다. 만약에 마음이 구부리기를 원한다면 팔이나 다리가 안으로 구부려지는 일련의 행위를 하고, 만약 마음이 뻗거나 움직이기를 원하면 밖으로 뻗기도 하고 안팎으로 움직이기도 하는 일련의 행위가 일어납니다. 일어난 뒤, 그리고 일어나는 바로 그 순간에 이것들은 사라지거나 없어집니다. 이러한 일들은 나중에 알아차릴 수 있게 됩니다.

구부리거나 뻗거나 기타 어떤 행위를 하는 경우에도 먼저 의도와 같은 정신적 행위가 일어나고, 이에 따라서 단단함, 구부리거나 뻗음 혹은 움직임 등 일련의 물질적 행위가 일어납니다. 이러한 행위들은 신경조직과 같은 물질적인 요소가 작용할 때 일어납니다.

그리고 물질적 행위와 감성이 접촉할 때마다 감촉을 느끼고, 이것을 아는 신식身識이 일어납니다.

그러므로 이 경우에는 물질적인 행위가 주도적인 요인이 된다는 것을 명확히 알 수 있습니다. 주도적인 요인을 알아차리는 것이 필요합니다. 그렇지 않으면 틀림없이 감각에 대한 잘못된 견해가 생겨서 '나 또는 내가 구부린다' 혹은 '내가 뻗는다'라고 하거나, 아니면 '나의 손, 나의 다리'라고 하는 사견邪見이 일어나게 됩니다. 이러한 잘못된 견해를 갖지 않기 위해서는 '구부림, 뻗음, 움직임'이라고 알아차리는 것이 필요합니다.

'생각함, 상상' 등의 경우에는 의근(意根 또는 意門)에 의해서 생각, 상상 등과 같은 일련의 정신적 행위가 일어나는 것입니다. 아니면, 일반적인 의미에서 몸에 의해 일련의 정신적인 행위가 일어난다고 할 수도 있습니다.

실제로 이러한 경우는 물질과 정신의 결합에 기인한 것으로, 의근이나 몸은 물질이고 생각과 상상 등은 마음입니다. 물질과 정신을 분명하게 알아차리기 위해서는 '생각함, 상상함'이라고 알아차려야 합니다.

무상, 고, 무아를 알게 된다

이런 방법으로 얼마간 수행을 지속하면 집중력이 증장하게 됩니다. 마음이 더 이상 방황하지 않고 의도한 대상에 고정적으로 집중할 수 있게 됩니다. 이와 동시에 알아차리는 힘도 눈에 띄게 계발됩니다. 알아차릴 때마다 오직 물질적 현상과 정신적 현상만 있다는 것을 알게 됩니다. 대상을 알아차림으로써 대상과 마음이 항상 짝을 이룬다는 사실도 알게 됩니다.

계속해서 얼마간 알아차리는 수행을 진행하면, 수행자는 영원히 지속되는 것은 없으며 모든 것은 변한다는 것을 깨닫게 됩니다. 매 순간 새로운 것이 일어나고, 그것이 일어날 때마다 알아차리면, 그것도 사라집니다. 즉시 다른 것이 새로 일어나고, 다시 그것을 알아차리면 사라집니다. 이렇게 일어나고 사라지는 현상이 계속되면, 영원히 지속되는 것은 없다는 사실이 확연해집니다. 이와 같이 매 순간 알아차릴 때마다 일어나고 사라짐만 있다는 것을 알게 되기 때문에, 수행자는 '영원히 지속되는 것은 없다'는 사실을 깨닫게 됩니다. 이것이 바로 '무상無常을 아는 지혜〔anicca anupassanā ñāṇa〕'입니다.

그다음에 수행자는 일어나고 사라지는 것이 바람직하지 못하다는 것을 깨닫게 됩니다. 이것이 '괴로움을 아는 지혜〔dukkha anupassanā ñāṇa]'입니다. 이와 함께 수행자는 몸에서 일어나는 피로함, 화끈함, 고통, 아픔 등을 알아차리는 과정에서 이 몸은 고통의 집합체〔苦蘊〕라는 것을 느끼게 됩니다. 이것도 또한 괴로움을 아는 통찰지혜입니다.

그러고 나서 수행자는 모든 물질과 마음은 스스로의 속성과 조건에 따라 일어나며, 수행자의 의지와는 무관하다는 것을 알게 됩니다. 그럼으로써 수행자는 그것들은 구성요소일 뿐이라는 것, 어떻게 하려 해도 되는 것이 아니라는 것, 그것들은 개체나 살아 있는 생명체가 아니라는 것을 알게 됩니다. 이것이 자아가 없다는, '무아〔無我〕를 아는 지혜〔anatta anupassanā ñāṇa〕'입니다.

이와 같이 무상anicca, 괴로움dukkha, 무아anatta를 알게 되면, 도의 지혜와 과의 지혜가 성숙해서 열반nibbāna에 도달할 수 있습니다. 열반의 첫 번째 단계에 도달하면 불행하고 저급한 존재로 윤회하는 것으로부터 벗어날 수 있습니다. 그렇기 때문에 여러분은 이 첫 번째 단계에라도 도달하기 위해 노력해야 합니다.

초보자의 알아차림

이미 설명한 바와 같이 위빠사나 수행법의 실질적 방법은 여섯

50

가지 감각기관(六根 혹은 六八)을 통해 보거나 듣는 등의 연속적 감각을 지켜보거나 알아차리는 것입니다. 그렇지만 초보자는 알아차림sati 과 집중Samadhi과 지혜ñāṇa가 아직 약하기 때문에 이들을 연속적으로 지켜보는 수행이 어렵습니다.

보거나 듣는 등의 순간은 매우 빨리 지나갑니다. 보는 것과 듣는 것이 동시에 일어나는 것처럼 느껴집니다. 보고, 듣고, 생각하고, 상상하는 등의 네 가지 행위가 동시에 일어나는 것처럼 보이기도 합니다. 그 순간은 순식간에 흘러가기 때문에 무엇이 먼저 일어나고 무엇이 뒤따르는지 구분하는 것이 불가능합니다.

실제로 듣는 순간에는 보는 것이 일어나지 않습니다. 또한 보는 순간에는 듣는다는 것이 일어나지 않습니다. 이런 현상은 오직 그 순간에만 일어날 수 있습니다. 초보자의 경우에는 아직 알아차림, 집중, 지혜가 성숙하지 않았기 때문에, 이런 일련의 현상들을 차례로 따로따로 다 지켜볼 수가 없습니다. 그렇기 때문에 초보자는 이런 많은 일어남을 모두 알아차리려 하지 말고, 몇 가지를 대상으로 시작하는 것이 좋습니다.

보는 것, 듣는 것은 오직 거기에 주의를 기울일 때만 알 수 있습니다. 만약 보이는 대상과 소리에 마음을 두지 않으면 대부분의 경우, 보거나 듣는 그 순간을 놓쳐버립니다. 냄새를 맡는 것은 자주 있는 일이 아닙니다. 맛을 느끼는 것은 먹을 때만 가능합니다. 수행자가 보고, 듣고, 냄새 맡고, 맛을 보는 경우에 그 대상이 일어난 순간에만 알아차릴 수 있습니다.

하지만 몸에서 느껴지는 감각은 항상 존재하고, 그것들은 언제나 아주 분명하게 존재하고 있습니다. 앉아 있을 때도, 앉은 자세로부터 뻣뻣한 몸의 감각 또는 딱딱함 등을 분명히 느낄 수 있습니다. 그렇기 때문에 앉아 있을 때는 앉은 자세에 마음을 보내서 '앉음, 앉음'이라고 알아차려야 합니다.

앉아 있는 자세

앉는다는 것은 정신적인 작용으로 인해 일어난 육체적인 행위로서 몸을 곧추세우고 있는 자세를 의미합니다. 마치 공기를 넣은 고무공이 공기의 힘으로 둥근 모양을 유지할 수 있는 것처럼 앉는 것 역시 지속적인 육체적 행위를 통해 몸을 세운 자세를 유지하는 것입니다.

사람의 몸처럼 무거운 물질을 일으켜 오랫동안 세운 자세를 유지하려면 많은 양의 에너지가 필요합니다. 일반적으로 사람들은 근육의 힘으로 몸을 일으키고 지탱한다고 생각합니다. 근육, 혈액, 살덩이, 뼈 등은 물질적인 요소이므로 이러한 추측이 가능합니다. 몸을 일으켜 세워 단단하게 유지하는 행위는 물질적인 요소〔色蘊〕에 속합니다. 몸을 일으키는 물질적인 요소가 마치 고무공 안의 공기처럼 근육, 살덩이, 혈액 등 몸 전체에서 일어납니다.

단단한 힘을 유지하는 것은 바람의 요소(風大, vayo dhātu)입니다. 몸은 바람의 작용으로 몸을 단단하게 유지함으로써 곧추세운 자세를 유지합니다. 졸려서 바닥에 눕는 경우는 단단함을 유지하는 요소가 사라진 상태입니다.

매우 졸리거나 잠을 자고 있는 마음의 상태를 잠재의식bhavaṅga이라고 합니다. 잠재의식의 상태에서는 정신적 작용이 사라지고, 그로 인해 몸이 드러눕습니다. 깨어 있는 동안에는 강하고 활동적인 정신작용이 끊임없이 일어나기 때문에, 몸을 단단하게 유지할 수 있는 바람의 작용을 유발합니다. 이러한 작용을 인식하기 위해서는 주의를 기울여 '앉음, 앉음'이라고 알아차리는 것이 필수적입니다. 그렇다고 해서 몸을 단단하게 유지하는 감각을 특별히 찾아내려고 하는 것은 아닙니다. 앉아 있는 자세의 전체적인 상태에 대해 마음을 고정시키면 됩니다. 즉, 하반신이 굽혀져 놓여 있는 형태, 곧추세운 상반신의 형태 등을 알아차리면 됩니다.

단순히 앉아 있는 자세만을 지켜보는 수행은 그다지 어렵지 않기 때문에 많은 노력viriya을 필요로 하지 않습니다. 그래서 노력이 모자라거나 집중이 지나칠 경우, '앉음, 앉음' 하고 되풀이해서 알아차리고 있으면 따분해질 수 있습니다. 따분함은 집중이 지나치거나 노력이 적은 경우에 생깁니다. 이런 상태를 혼침thīna middha이라고 합니다.

이런 경우에는 더 많은 노력을 계발해야 합니다. 그러기 위해서는 알아차릴 대상의 수를 늘려야 합니다. '앉음'이라고 알아차린 뒤, 지면과 닿아 있는 몸의 부위로 마음을 향하고 '닿음'이라고 알아차립니다. 다리, 손, 엉덩이 등 어느 부분에서든 분명히 감촉이 느껴지는 곳을 알아차리면 됩니다.

예를 들어, 몸의 앉아 있는 자세를 '앉음'이라고 알아차린 뒤, 감촉이 느껴지는 바로 그 부분을 '닿음'이라고 알아차립니다. 앉아 있는 자세와 닿아 있는 느낌, 두 가지가 알아차림의 대상입니다. 이 두 가지 대상에 대한 알아차림을 번갈아 가며 지속합니다. '앉음, 닿음, 앉음, 닿음'과 같은 식으로 되풀이합니다.

알아차림의 대상

여기서 사용된 알아차림noting, 지켜봄observing 또는 주시 contemplating와 같은 단어는 하나의 대상에 주의를 집중하고 있는 상태를 말합니다. '앉음, 닿음'의 상태를 알아차리거나 지켜보거나 또는 주시하는 것이 수행입니다. 이미 수행에 대한 경험이 있는 수행자에게는 이 수행법이 어렵지 않게 느껴지겠지만, 예전에 아무 경험이 없었던 수행자라면 시작하기가 어려울 수도 있습니다.

이런 초보자를 위해서 보다 간단하고 쉬운 수행법을 말씀드리겠 습니다. 우리가 호흡을 할 때는 매 순간마다 배가 일어났다가 꺼지는 움직임이 있습니다. 초보자는 이 움직임을 알아차리는 수행으로부 터 시작하면 됩니다. 이 움직임을 알아차리는 것은 그리 어렵지 않습 니다. 이 움직임은 거칠고도 분명한 것이기 때문에 초보자가 알아차 리기에 적합합니다.

학교에서도 간단하고 쉬운 문제부터 배워나가는 것이 더 쉬운 것처럼, 위빠사나 수행에서도 마찬가지입니다. 집중과 지혜를 계발 하기 위해서는 초보자의 경우, 간단한 수행부터 하는 것이 쉽게 느껴질 것입니다.

다시 한 번 정리하자면, 위빠사나 수행의 목적은 몸에서 분명히 나타나는 현상을 알아차리는 수행을 시작하는 데 있습니다. 물질과 마음의 두 가지 요소 중 정신적인 요소는 미세하고 알아차리기 어렵지만, 물질적인 요소는 거칠고 분명하게 느껴집니다. 그러므로 일반적으로 위빠사나 수행자들은 먼저 분명하게 드러나는 물질적 요소를 지켜보는 것에서부터 시작합니다.

물질적 요소 중에서도 몸의 파생된 물질〔所造色, upādarūpa〕은 미세하고 덜 두드러진 반면, 기본 물질의 속성인 지地, 수水, 화火, 풍風, 4대(四大, maha buta)는 거칠고 분명합니다. 따라서 지수화풍의 요소를 먼저 알아차려야 합니다. 일어나고 꺼지는 호흡에서는 바람의 요소〔風大〕의 작용이 두드러집니다. 호흡할 때 배의 움직임은 바람의 작용으로 인한 것입니다. 바람의 요소는 초보자도 인식할 수 있습니다.

알아차림에 대한 부처님의 가르침을 다루고 있는 『대념처경大念處經, Satipaṭṭhāna Sutta』에 따르면, 걸을 때는 걷는 것을 알아차리고, 서 있거나 앉아 있거나 누워 있을 때는 서 있거나 앉아 있거나 누워 있는 것을 알아차려야 한다고 하였습니다. 또한 몸으로 인한 모든 행위가 일어날 때마다 알아차려야 한다고 하였습니다.

　　이렇게 보자면, 바람의 요소는 나머지 세 가지에 비해 우선적으로 알아차려야 할 요소입니다. 실제로 지수화풍의 네 가지 요소는 몸의 모든 작용에서 일어나기 때문에 기본적으로 감지하게 됩니다. 앉아 있을 때도 호흡과 더불어 일어나고 꺼지는 움직임이 뚜렷하게 나타납니다. 이런 움직임을 알아차리는 것에서부터 수행을 시작하면 됩니다.

위빠사나 수행의 기초적 가이드라인

지금까지 위빠사나 수행에 대한 기본 요점 몇 가지를 일반적인 의미에서 설명하였습니다. 다음은 기초 수행에 대한 전반적인 개요를 설명하기로 하겠습니다.

일어남, 꺼짐

일어나고 꺼지는 움직임을 주시하기 위해서 수행자는 우선 마음을 배로 가져갑니다. 숨을 들이쉴 때 배가 불룩하게 팽창하는 느낌과 숨을 내쉴 때 배가 수축하는 느낌을 알 수 있습니다. 배가 팽창할 때는 '일어남', 배가 들어갈 때는 '꺼짐'이라고 알아차립니다. 만약 호흡에 대한 마음의 겨냥이 잘 되지 않고, 이런 움직임들을 잘 알아차릴 수 없으면, 한 손 또는 양손을 배 위에 놓습니다.

이때 자연스러운 호흡을 인위적으로 바꾸려 하면 안 됩니다. 숨을 천천히 또는 빠르게 쉬려 하거나 깊이 내쉬려 하면 안 됩니다. 만약 호흡의 자연스러운 흐름을 바꾸려 한다면 금세 지치게 됩니다. 수행자는 자연스러운 호흡의 흐름을 유지하면서 일어나고 꺼지는 움직임만을 지켜보아야 합니다.

숨을 들이쉴 때는 '일어남'이라고, 숨을 내쉴 때는 '꺼짐'이라고, 마음으로 명칭을 붙이면서 알아차립니다. 이렇게 명칭을 붙이는 것을 입으로 되풀이해서는 안 됩니다.

위빠사나 수행에서는 대상의 실질적인 상태를 아는 것이 명칭을 아는 것보다 더 중요합니다. 그러므로 수행자는 호흡이 시작되는 처음 순간부터 완전히 사라지는 마지막 순간까지 모든 움직임을 마치 눈으로 보듯이 알아차리기 위해 노력을 기울여야 합니다. 일어나는 순간의 그 움직임에 아는 마음을 밀착시켜야 합니다.

마치 돌이 벽에 부딪히는 것처럼, 일어나는 움직임이 있으면 동시에 그 모든 것을 아는 마음이 함께 있어야 합니다. 사라짐도 마찬가지입니다. 사라지는 움직임이 일어난 순간 그것을 아는 마음 역시 함께 있어야 합니다.

망상

두드러지게 알아차릴 대상이 없을 때는, 수행자는 '일어남, 꺼짐, 일어남, 꺼짐, 일어남, 꺼짐'의 두 움직임을 알아차리는 수행을 지속해야 합니다. 이 수행을 하는 동안 망상이 일어날 수 있습니다. 집중이 약한 경우, 마음을 조절하는 것은 대단히 어렵습니다. 일어남과 꺼짐을 알아차리려고 해도 마음은 그렇게 지속되기보다는 다른 것에 대한 생각으로 옮겨 가기 쉽습니다.

이렇게 돌아다니는 마음을 그대로 놓아두어서는 안 됩니다. 이때는 '망상, 망상' 하고 곧바로 알아차려야 합니다. 한두 차례 알아차림을 되풀이하면 마음이 제자리로 돌아오게 되고, 그러면 '일어남, 꺼짐' 수행을 계속해야 합니다. 또다시 마음이 어딘가 다른 장소로 달아나면 '달아남, 달아남'이라고 알아차려야 합니다.

이런 움직임이 사라지면 다시 '일어남, 꺼짐' 하고 호흡을 알아차리는 수행으로 돌아와야 합니다.

상상 속에서 누군가를 만난다면, '만남, 만남'이라고 알아차려야 하고, 그다음에는 평소의 수행으로 되돌아와야 합니다. 때로는 그냥 생각으로 누군가를 만나 말을 하는 상상을 하는데 이때도

‘말함, 말함’이라고 알아차려야 합니다. 모든 마음의 활동을 알아차리는 것이 진정한 목적입니다. 예를 들어, 생각을 하는 순간에는 ‘생각함, 생각함’이라고 알아차립니다.

이와 같이 숙고함, 계획, 의도, 기뻐함, 게으름, 행복, 싫어하는 등의 느낌이 일어날 때는 바로 그것들이 일어난 순간에 알아차립니다. 이렇게 정신적 활동을 주시하고, 그것들이 일어날 때 바로 알아차리는 것을 심념처(心念處, cittānupassanā)라고 합니다.

마음의 실체

일반적으로 사람들은 위빠사나 수행을 해서 실질적인 통찰지혜를 얻지 못했기 때문에 실재하는 마음 상태를 아는 지혜가 없습니다. 그러면 이들은 자연스럽게 ‘개아(個我, 자아自我 또는 살아 있는 실체’ 등으로 잘못된 견해를 갖게 됩니다.

이들은 항상 ‘상상하는 것은 나다. 내가 상상한다. 내가 생각한다. 내가 계획한다. 내가 안다’고 믿고 있습니다. 또 어려서부터 쭉 어른으로 성장해 온 자아, 살아 있는 실체가 존재한다고 생각합니다. 사실 자아는 존재하지 않으며, 따로따로 일어나고 사라지는 연속적인 마음의 현상만 있습니다. 알아차리는 수행을 하면 이러한 실제의 모습을 볼 수 있습니다.

마음과 마음이 일어나고 사라지는 것에 대해서 붓다께서는 『법구경法句經』에서 다음과 같이 말씀하셨습니다.

Duraṇgamam Ekācaraṁ, Āsariram Guhāsayam.
Ye Cittam Samyamessanti, Mokkhanti Marābandhana.

1. Duraṇgamam : 멀리 떨어진 대상을 좇아다닌다

마음은 항상 멀리 그리고 여기저기 돌아다닙니다. 수행자가 명상실에 앉아서 알아차리는 수행을 하고 있으면, 마음이 여기저기 먼 곳으로, 마을 등지로 돌아다니는 것을 알게 됩니다. 또 마음은 한순간에 생각이나 상상만으로 어디든 먼 곳으로 돌아다닐 수 있다는 사실도 알게 됩니다.

2. Ekācaraṁ : 하나씩 일어난다

마음은 한순간에 하나씩 일어납니다. 하나의 마음이 일어나면 또 다른 하나의 마음이 일어나면서 연속됩니다. 이런 사실을 인지하

지 못하는 사람들은 전 생애에 걸쳐 살아 있는 동안에 같은 마음이 존재한다고 믿습니다. 항상 매 순간 새로운 마음(생각의 형태)이 일어나고 있음을 알지 못합니다. 그들은 과거에 보았거나 들은 것들이 현재 보고 들은 것과 같은 마음에 속해 있다고 생각합니다. 또한 서너 차례 보고 들은 것, 느낀 것, 아는 것 등의 행위가 동시에 일어난다고 생각합니다.

이는 잘못된 견해입니다. 실제로는 매 순간 별개의 새 마음이 일어납니다. 이런 사실은 어느 정도 수행을 한 뒤에야 알 수 있습니다.

상상을 하거나 계획을 할 때는 분명하게 인지할 수 있습니다. 상상은 '상상함, 상상함'이라고 알아차리면 곧 사라집니다. 그리고 계획도 '계획함, 계획함'이라고 알아차리면 곧 사라집니다. 이렇게 '일어남, 알아차림, 사라짐'은 마치 한 줄에 꿴 구슬과 같이 연속하여 일어납니다.

앞의 마음과 뒤의 마음은 다른 마음입니다. 서로 구분되어 있습니다. 수행을 통해 이러한 것을 경험할 수 있습니다. 그러기 위해서는 알아차림이 지속되어야 합니다.

3. Āsariram : 실체가 없다

마음은 실체와 형태가 없습니다. 마음은 물질처럼 구별하기가
쉽지 않습니다. 물질의 경우에는 몸, 손, 머리, 다리 등의 구조가
명백하게 드러나 쉽게 인지할 수 있습니다. 물질의 경우에는 무엇이
냐고 물으면 직접 보여줄 수 있습니다. 마음의 경우에는 실체와 형태
가 없기 때문에 묘사하기 어렵습니다. 그렇기 때문에 마음에 대해서
는 분석적인 실험을 하는 것도 불가능합니다.

그렇지만 대상을 아는 것이 마음이라고 설명하면 이해가 잘될
것입니다. 마음을 정확하게 이해하기 위해서는 마음이 일어날 때마
다 주시하는 것이 꼭 필요합니다. 알아차림이 향상되면, 대상에
마음을 보내고 있는 것을 분명히 알게 됩니다. 마치 대상을 향해
뛰어드는 것과 같이 보입니다. 그래서 마음의 실재하는 모습을 보려
면, 알아차림을 해야 한다는 것입니다.

4. Guhāsayam : 동굴 속에 머물다

마음은 다섯 가지 감각기관과 의문意門을 토대로 해서 존재합니
다. 이 때문에 마음은 동굴 속에 머무른다고 말하는 것입니다.

5. Ye Cittam Samyamessanti, Mokkhanti Marābandhana : 마음을 조절할 수 있는 수행자는 죽음의 속박에서 벗어난다

마음은 매 순간 일어날 때마다 알아차려야 합니다. 마음은 이렇게 알아차림을 통해 조절할 수 있는 것입니다. 마음을 성공적으로 조절하는 수행자는 죽음의 속박에서 벗어날 것입니다. 마음이 일어날 때마다 알아차려야 합니다.

마음은 알아차리면 사라집니다. 예를 들어, '의도함, 의도함'이라고 한두 번 알아차리면, 즉시 그 의도는 사라집니다. 그다음에는 '일어남, 꺼짐, 일어남, 꺼짐'의 일상의 수행으로 되돌아와야 한다.

일상의 알아차림

일상의 수행을 하다 보면, 침을 삼키고 싶을 때가 있습니다. 이때는 '침을 삼키고 싶어 함'을 알아차리고, 침을 모을 때는 '침을 모음'을 알아차리며, 침을 삼킬 때는 '침을 삼킴'이라고, 일어나는 순서대로 알아차리면 됩니다.

이렇게 알아차려야 하는 이유는 '침을 삼키고 싶어 하는 것은

나다. 침을 삼키는 것도 나다'라고 하는 잘못된 생각을 할 수 있기 때문입니다. 실제로 '침을 삼키고 싶어 하는 것'은 마음이지 내가 아닙니다. 또 '침을 삼키는' 것은 물질이지 내가 아닙니다. 오직 정신과 물질만이 존재할 뿐입니다. 알아차림을 통해 실제로 일어나는 과정을 분명하게 이해하게 됩니다.

침을 뱉을 경우에도 마찬가지입니다. 침을 뱉고 싶을 때는 '침을 뱉고 싶어 함'을 알아차리고, 다음에 목을 굽힐 때는 (천천히 움직여야 합니다) '굽힘'이라고 알아차리고, 볼 때는 '봄'이라고 알아차리고, 침을 뱉을 때는 '침을 뱉음'이라고 알아차립니다.

그다음에는 '일어남, 꺼짐'의 일상의 수행으로 되돌아옵니다.

불쾌한 느낌

수행을 하다 보면 오랜 시간 앉아 있어야 하기 때문에 몸에서 뻣뻣하거나 화끈거리는 등의 불쾌한 느낌이 일어날 수 있습니다. 이러한 느낌이 일어날 때도 알아차려야 합니다. 느낌이 일어난 몸의 부위에 마음을 고정시키고, 뻣뻣한 느낌에 대해서는 '뻣뻣함, 뻣뻣함'이라고 알아차리고, 화끈거리는 느낌에 대해서는 '화끈거림, 화끈거림'이라고 알아차리며, 아픈 느낌에 대해서는 '아픔, 아픔'이라고 알아차리고, 찌르는 듯한 느낌에 대해서는 '찌름, 찌름'이라고 알아차리며, 피로한 느낌에 대해서는 '피로함, 피로함'이라고 알아차립니다.

불쾌한 느낌을 둑카 웨다나dukkha vedanā라고 하며, 이 느낌을 주시하는 것을 느낌에 대한 통찰인 수념처(受念處, vedanā nupassanā)라고 합니다.

느낌에 대한 통찰지혜가 없으면, 고통에 대해 잘못된 견해를 갖기 쉽습니다. 그래서 '내가 뻣뻣함을 느낀다. 내가 화끈거림을 느낀다. 내가 아픔을 느낀다. 나는 원래 기분이 좋았는데 지금은 기분이 나쁘다'라고 하는, 자아 또는 인격이 존재한다고 생각하게 됩니다.

실제로 불쾌한 느낌은 몸의 불쾌한 감각으로 인해 일어나는 것입니다. 전기가 지속적으로 공급되면 전구에 불이 켜지는 것처럼, 느낌의 경우에도 불쾌한 느낌이 들 때마다 연속해서 불쾌한 새 느낌이 일어나는 것입니다.

이 느낌을 분명하게 이해하는 것이 매우 중요합니다. 처음에는

‘뻣뻣함, 뻣뻣함’, ‘화끈함, 화끈함’ ‘아픔, 아픔’ 하며 알아차리면 불쾌한 느낌이 더 커지는 것처럼 느껴질 수 있습니다. 그다음에는 앉은 자세를 바꾸려는 마음이 일어나는 것을 알아차릴 수 있습니다. 이때 원하는 마음을 ‘원함, 원함’이라고 알아차려야 합니다. 그러고 나서 다시 ‘뻣뻣함, 뻣뻣함’, ‘화끈함, 화끈함’ 등으로 되돌아옵니다. 이렇게 인내를 가지고 알아차림을 지속하면 불쾌한 느낌이 사라집니다.

장작을 비벼서 불을 지피듯이

“인내가 열반으로 이끈다”는 말이 있습니다. 알아차림을 하는 수행에 있어서 이 이상 적합한 말은 없을 것입니다. 알아차림 수행을 하려면 많은 인내가 필요합니다. 수행자가 수행을 하는 동안 불쾌한 느낌을 인내로서 견뎌내지 못하고 자세를 자주 바꾼다면, 집중 상태에 들어가기 어렵습니다. 집중이 없으면 위빠사나의 지혜〔Vipassanā ñāṇa〕를 얻기가 어렵습니다. 이 지혜가 없이는 도과를 성취할 수가 없고, 열반에 들지도 못합니다. 인내는 알아차림 수행에 있어 매우 중요한 것입니다.

불쾌한 느낌을 이겨내는 데에 가장 필요한 것이 인내입니다. 이것은 인내로 극복하는 것(忍耐律儀, khantisarīvara)을 의미합니다. 그렇기 때문에 불쾌한 느낌이 있어도 즉시 자세를 바꾸어서는 안 됩니다. '뻣뻣함, 뻣뻣함', '화끈함, 화끈함'이라고 계속해서 알아차리도록 노력해야 합니다. 이와 같이 하면 일상에서 일어나는 통증은 사라집니다. 집중이 향상되면 아주 큰 통증이 올 때도 인내를 가지고 알아차리게 되고, 그러면 곧 사라집니다.

통증과 아픔이 사라지면 '일어남, 꺼짐, 일어남, 꺼짐'의 일상의 수행으로 되돌아와야 합니다.

어떨 때는 강한 인내를 가지고 알아차려도 통증이나 불쾌한 느낌이 사라지지 않을 수도 있습니다. 그럴 때는 어쩔 수 없이 자세를 바꾸게 됩니다. 물론 더 강력한 압력이 오면 사람은 굴복하기 마련입니다. 집중이 충분히 성숙하지 않으면 통증은 쉽게 사라지지 않습니다.

이럴 때는 자세를 바꾸고 싶은 마음이 생깁니다. 이 마음을 '바꾸고 싶음, 바꾸고 싶음'이라고 알아차려야 합니다. 그리고 손을 들면서 '듦, 듦'이라고 알아차리고, 움직이면서 '움직임, 움직임'이라고 알아차리면서 움직입니다. 이러한 몸의 움직임은 천천히 해야 하며, 이렇게 천천히 움직이는 동작은 '듦, 듦', '움직임, 움직임', '닿음, 닿음'이라고 알아차리면서 연속적으로 이어져야 합니다. 이어서 몸을 기울

일 때는 '기울임, 기울임', 다리를 올릴 때는 '올림, 올림', 다리를
움직일 때는 '움직임, 움직임', 다리를 다시 놓을 때는 '놓음, 놓음'이
라고 알아차립니다.

모든 동작이 끝났을 때는 '일어남, 꺼짐, 일어남, 꺼짐'의 일상의
수행으로 다시 돌아옵니다.

이 과정에서는 알아차림을 멈추거나 끊어서는 안 됩니다. 앞의
알아차림과 뒤따르는 알아차림이 연속되어야 합니다. 이와 같이
앞서는 집중과 뒤따르는 집중도 연속되어야 하며, 앞서는 지혜와
뒤따르는 지혜도 연속되어야 합니다.

이 같은 방법을 통해 단계적으로 알아차림, 집중, 지혜를 계발하면,
최종적으로 도와 과의 지혜를 얻을 수 있습니다.

위빠사나 수행에 관한 좋은 예문으로 불을 만드는 사람의 이야
기가 있습니다. 아주 옛날에는 두 개의 마른 나뭇가지를 쉬지 않고
비벼서 불을 만들었습니다. 나뭇가지가 뜨거워질수록 더 세게 문질
러야 하고, 무엇보다 멈추지 않고 문질러야 합니다. 일단 불이 지펴
져야 불을 만드는 사람은 쉴 수 있습니다. 수행도 마찬가지입니다.
알아차림과 알아차림 사이에 멈춤이 없고, 집중과 집중 사이에 끊어

짐이 없도록 노력해야 합니다.

통증을 모두 알아차린 뒤에는 '일어남, 꺼짐'의 일상적 알아차림으로 바로 되돌아와야 합니다.

간지러움 알아차리기

일상의 수행을 하다 보면, 몸 어딘가에 간지러운 느낌을 느낄수 있습니다. 그때는 마음을 그 부분에 고정시키고 '간지러움, 간지러움' 하고 알아차립니다. 간지러움은 불쾌한 느낌입니다. 일단 한번 간지러운 느낌이 일어나면 긁거나 문지르고 싶은 마음이 생깁니다. 간지럽더라도 긁지 말고 먼저 '긁고 싶음, 긁고 싶음'이라고 마음을 알아차려야 합니다. 그러고 나서 다시 간지러움으로 와서 '간지러움, 간지러움'이라고 알아차려야 합니다. 이렇게 알아차림을 지속하면, 대부분의 경우 간지러움은 사라집니다. 그러면 다시 '일어남, 꺼짐'의 일상의 수행으로 되돌아옵니다.

그런데 만약 간지러운 느낌이 사라지지 않고 긁거나 문질러야할 필요가 있을 때는 '긁고 싶음, 긁고 싶음' 하고 알아차린 뒤, 그다음에 일어나는 현상들을 지켜보아야 합니다. 먼저 손을 들면서

‘손을 듦, 손을 듦’ 하고 알아차리고, 손을 움직일 때는 ‘움직임, 움직임’, 손이 간지러운 부분에 닿을 때는 ‘닿음, 닿음’, 긁을 때는 ‘긁음, 긁음’, 손이 되돌아올 때는 ‘되돌아옴, 되돌아옴’, 손이 몸에 닿을 때는 ‘닿음, 닿음’이라고 알아차립니다.

그다음에는 다시 ‘일어남, 꺼짐’의 일상의 수행 과정으로 되돌아와야 합니다.

이와 같은 방법으로, 자세를 바꾸면서 일어나는 연속적인 현상을 언제나 주의 깊게 지켜보아야 합니다.

좌선과 통증

수행자가 주의 깊게 지켜보는 과정에서 몸 어디에서 통증이나 불쾌한 감각을 느낄 수 있습니다.

대체로 사람들은 가벼운 피로감이나 화끈거림과 같은 사소한 느낌이 일어나면 별 생각 없이 자세를 바꿉니다. 이처럼 주의를 기울이지 않은 채 자세를 바꾸면 바로 그 순간 고통의 씨앗이 점점 커지게 됩니다. 그러면 통증을 분리해서 보는 것이 더 어려워집니다.

그렇기 때문에 좌선의 자세iriyāpatha는 일반적으로 통증을 감추고 있다고도 말합니다. 사람들은 항상 밤이나 낮이나 좋은 느낌만을 생각합니다. 고통스러운 느낌은 위험한 질병의 공격을 받을 때나 일어난다고 생각합니다.

그러나 실제로는 사람들이 생각하는 것과 정반대입니다. 누구든 앉아 있는 자세에서 움직이지 않은 채 오랫동안 버텨 보십시오. 5분이나 10분 뒤면 바로 불편함을 느낄 것이고, 15분이나 20분 뒤에는 참을 수 없는 통증을 느낄 것입니다. 그다음에는 어떻게든 자세를 바꾸고 싶어서 목을 굽히거나 고개를 들으려 할 것이고, 앞으로 혹은 뒤로 몸을 기울이려 할 것입니다.

이렇게 짧은 순간에 무수히 많은 행동들이 항상 일어나고 있습니다. 하루 종일 일어나는 행동을 수로 센다면 엄청나게 많을 것입니다. 그러나 이런 행동에 주의를 기울이지 않기 때문에 그 사실을 아는 사람은 거의 없습니다. 모든 상황이 이와 같습니다.

수행자의 경우에는 항상 자신의 행동들을 알아차리고 또 지켜보고 있기 때문에 몸의 느낌 하나하나의 성품을 분리해서 알아차립니다. 몸의 느낌이 확실하게 나타날 때까지 지켜보기 때문에 그 고유한 성품이 다 드러날 수밖에 없습니다. 통증이 나타나더라도 쉽게 자세를 바꾸거나 움직이지 않고 지속적으로 알아차려야 합니다. 자세를 바꾸고 싶은 마음이 생기면 '바꾸고 싶음'이라고 알아차린 뒤 다시 통증으로 돌아와 알아차림을 지속합니다.

통증이 오는 경우에는 오직 더 이상 참을 수 없을 때만 자세를 바꿉니다. 자세를 바꿀 때도 자세를 바꾸려는 마음을 먼저 알아차린 뒤 움직이는 과정에 주의를 기울이면서 자세를 바꾸어야 합니다. 좌선의 자세에서는 더 이상 통증을 견딜 수 없기 때문입니다.

어떤 때는 몸의 여기저기가 근질근질하고, 화끈거리며, 아프고, 간지러우며, 마치 몸 전체가 괴로운 느낌의 덩어리인 것처럼 느껴지기도 합니다. 이는 통증이 너무 강하기 때문에 좌선의 자세에서 도저히 이겨낼 수 없다는 것을 말합니다.

요통 환자처럼 천천히

만약 앉아 있다가 서는 자세로 바꾸고자 한다면, 우선 '움직이려 함, 움직이려 함' 하고 의도를 먼저 알아차립니다. 그러고 나서 손과 발의 움직임을 '듦, 움직임, 뻗음, 닿음, 누름' 등으로 알아차리며 움직입니다. 몸이 앞쪽으로 기울어지면 '기울어짐, 기울어짐' 하고 알아차립니다.

일어서는 과정에서 몸의 민첩한 느낌이 있을 수 있습니다. 이러한 작용에도 주의를 기울여 '일어섬, 일어섬' 하고 알아차립니다. 일어서는 행동은 천천히 이루어져야 합니다.

수행하는 과정에서 수행자는 마치 아픈 사람처럼 미약하게 천천히 움직이는 것이 좋습니다. 허리의 통증을 앓고 있는 사람이 좋은 예가 될 것입니다. 이 환자는 통증을 피하기 위해 주의 깊게 천천히 움직입니다.

이와 같은 방식으로 수행자는 항상 모든 움직임을 천천히 하도록 노력해야 합니다. 알아차림, 집중, 지혜를 얻으려면 아주 천천히 움직일 필요가 있습니다. 항상 마음을 편하게 갖고 자신의 몸에 마음을 두는 훈련을 해야 합니다.

초보자들은 주의 깊은 알아차림과 위빠사나의 지혜가 충분히 성숙되지 않은 상태이므로 육체적, 정신적 현상이 빠르게 일어나는 것을 다 따라잡을 수가 없습니다. 그렇기 때문에 빠르게 일어나는 이런 과정의 속도를 늦추어 주의 깊은 알아차림과 위빠사나의 지혜가 작용할 수 있도록 해야 합니다. 그래서 항상 천천히 움직이라고 권유하는 것입니다.

장님처럼, 귀머거리처럼

더 나아가 수행자는 수행하는 동안에는 마치 장님처럼 움직일 필요가 있습니다. 무절제하게 행동하는 사람은 항상 물건이나 사람을 제멋대로 쳐다보기 때문에 품위가 없어 보입니다. 침착하고 조용한 태도를 가질 수가 없습니다. 반면에 장님은 눈을 내리깔고 조용히 앉아서 침착한 태도로 움직입니다. 눈이 멀어서 볼 수가 없기 때문에 그쪽을 쳐다보기 위해 몸을 돌리지도 않습니다. 사람이 가까이 다가와 말을 걸어도 두리번거리지 않습니다.

수행자도 이와 같이 중요하지 않은 이야기에는 귀를 기울이지 말아야 하고 이런 태도로 움직여야 합니다. 이러한 침착한 태도는 본받아야 합니다. 수행자는 수행을 할 때 그와 같은 자세를 취해야 합니다.

마음은 오직 대상에 고정시킨 채 의도적으로 '일어남, 꺼짐'을 알아차리며 좌선 자세를 취합니다. 주변에서 이상한 일이 일어난다고 해도 그쪽을 바라보아서는 안 됩니다. 그냥 '봄, 봄'이라고 알아차리고 나서 '일어남, 꺼짐'의 일상의 수행으로 되돌아와야 합니다. 수행자는 마치 장님으로 오인 받을 정도로 최대한 주의를 기울여 이 같은 훈련을 해야 합니다.

이 점에서는 일부 여성 수행자들이 완벽한 자세를 취하기도 합니다. 지도하는 대로 잘 지켜서 수행에 임합니다. 태도는 매우 침착하고, 늘 대상을 주시합니다. 주변을 두리번거리지 않습니다. 걸을 때도 발걸음에 마음이 가 있습니다. 발걸음은 가볍고 부드러우며, 천천히 이루어집니다. 모든 수행자는 이 같은 예를 본받아야 할 것입니다.

수행자는 또한 귀머거리처럼 움직일 필요가 있습니다. 일반적으로 사람들은 무슨 소리를 들으면 소리가 난 방향으로 몸을 돌려 쳐다봅니다. 또는 말한 사람 쪽으로 몸을 돌려 대답을 합니다. 침착하게 행동하지도 못합니다. 반면에 귀머거리는 침착한 태도를 유지합니다. 소리나 말소리가 들리지 않기 때문입니다.

마찬가지로 수행자는 스스로 중요하지 않은 이야기에 관심을 보이거나 혹은 들리는 소리에 귀를 기울이지 않는 태도를 가져야 합니다. 만약 어떤 소리나 말소리가 들리면, 즉시 '들음, 들음' 하고 알아차린 뒤 '일어남, 꺼짐'의 일상의 수행으로 되돌아와야 합니다. 수행자는 마치 귀머거리로 오인 받을 정도로 최대한의 주의를 기울여 이 같은 훈련을 해야 합니다.

들어서, 앞으로, 놓음

수행자의 유일한 관심사는 오직 의도적으로 마음을 내어 알아차리는 것임을 기억해야 합니다. 보이거나 들리는 다른 것들은 관심사가 아닙니다. 이상하고 궁금한 일이 있어도 관심을 가져서는 안 됩니다. 만약 어떤 장면을 보더라도 보지 않은 것처럼 무시하고, 음성이나 소리가 들려도 들리지 않는 것처럼 무시해야 합니다. 몸을 움직여야 할 때에는 마치 아픈 사람이나 병자처럼 천천히, 힘없이 움직여야 합니다.

몸을 일으켜 세우는 것도 천천히 이루어져야 합니다. 서 있는 자세에서는 '섬, 섬'이라고 알아차리고, 주위를 둘러볼 때는 '봄, 둘러봄'이라고 알아차립니다. 걸을 때도 발걸음을 내디딜 때마다 '오른발, 왼발' 또는 '걸음, 걸음'이라고 알아차립니다. 걸을 때에는 발을 들어 올리는 시작부터 발을 내려놓는 끝까지의 움직임에 주의를 집중해야 합니다. 빠르게 걷거나 오랫동안 걸을 때도 '오른발, 왼발' 또는 '걸음, 걸음' 하고 매 걸음마다 알아차려야 합니다. 천천히 걷는 경우에는 들어서, 앞으로, 놓음의 각각 세 단계로 발걸음을 나눌 수 있습니다.

수행을 처음 시작할 때에는 두 단계로 나누어서 합니다. 발을 들어올릴 때는, 움직임의 시작에서부터 끝날 때까지에 마음을 고정시켜서 '들어서'라고 알아차리고, 발을 내릴 때는, 움직임의 시작에서부터 끝날 때까지에 마음을 고정시켜서 '놓음'이라고 알아차립니다.

그러므로 한 걸음을 나갈 때 '들어서, 놓음'이라고만 알아차리면 됩니다. '놓음'의 단계에서 한쪽 발을 내려놓으면서 다른 쪽의 한 발이 다음 발걸음을 내딛기 위해 들어올려지는 경우가 있는데 그래서는 안 됩니다. 다음 발걸음은 첫 번째 발걸음의 동작이 모두 끝난 뒤 시작되어야 합니다. 그렇게 해서 첫 번째 걸음도 '들어서, 놓음', 두 번째 걸음도 '들어서, 놓음'으로 시작해야 합니다.

2~3일이 지나면 이런 수행이 쉬워질 것입니다. 그때는 '들어서, 앞으로, 놓음' 하고 세 단계 발걸음을 알아차리는 수행으로 들어가면 됩니다. 지금 수행을 시작하는 초보자의 경우, 빠르게 걸을 때에는 '오른발, 왼발' 또는 '걸음, 걸음' 하고 알아차리면 되고, 천천히 걸을 때에는 '들어서, 놓음'이라고 알아차리면 됩니다.

걷는 과정에서 앉고 싶다고 느낄 수 있습니다. 그럴 때는 우선 '앉고 싶음, 앉고 싶음' 하고 알아차립니다. 그러다가 주변을 쳐다보게 되면 '봄, 보임, 봄, 보임' 하고 알아차리고, 앉을 장소로 갈 때는 '들어서, 놓음'을 알아차리고, 멈출 때는 '멈춤, 멈춤'을 알아차리며, 몸을 돌릴 때는 '돌림, 돌림'이라고 알아차려야 합니다. 앉으려 할 때는 '앉으려 함, 앉으려 함' 하고 알아차립니다. 앉을 때는 몸의 무거움과 바닥으로 끌어당기는 느낌이 있습니다. 이러한 느낌들에 주의를 기울이면서 '앉음, 앉음' 하고 알아차립니다. 앉은 뒤에는 손발을 제자리에 놓는 움직임이 있을 것입니다. 이때는 '움직임, 굽힘, 뻗음' 등으로 알아차려야 합니다.

더 이상 하는 일이 없고 조용히 앉아 있게 되면 '일어남, 꺼짐' 하고 일상의 수행으로 돌아와야 합니다.

수행 중에 아픔, 피곤함, 화끈거림 등을 느낄 때는 재빨리 그 느낌을 알아차린 뒤 '일어남, 꺼짐'의 일상의 수행으로 되돌아옵니다.

만약 졸릴 때는 '졸림, 졸림'이라고 알아차리고 나서, 누울 준비를 하기 위해 손과 발을 움직이는 등의 모든 행동을 '들어올림, 누름, 움직임, 지탱함' 하고 알아차리면서 해야 합니다. 몸이 기울어질 때는 '기울어짐, 기울어짐'을, 다리를 뻗을 때는 '뻗음, 뻗음'을, 몸을 내려 드러누울 때는 '누움, 누움'을 알아차립니다.

아난다 존자의 열반

　눕는 동작의 미세한 움직임도 중요하므로 놓쳐서는 안 됩니다. 이 짧은 시간에도 깨달음을 얻을 가능성이 있습니다. 집중과 지혜를 잘 계발하면 구부리거나 일어나는 바로 이 순간에도 깨달음을 얻을 수 있습니다. 이런 방법으로 붓다의 조카이면서 시봉제자였던 아난다 존자는 바로 눕는 그 순간에 아라한과를 얻었습니다.

　붓다가 반열반에 드신 후 4개월째가 되는 달 초순에 첫 번째 결집이 열렸습니다. 결집대회는 붓다의 제자들이 모두 모여 붓다의 가르침을 낭독하고, 그 의미와 주해, 설명, 분류 등에 대하여 확인하는 큰 법회를 일컫는 말입니다. 당시에 500명의 승려가 이 법회를 위해 선발되었습니다.

　그중 499명의 비구가 아라한(阿羅漢, Arhants, 완전한 깨달음을 얻는 분)이었는데, 오직 아난다 존자만이 수다원(須陀洹, Sotapanna, 깨달음에 이르는 첫 번째 단계에 들어간 성자로 豫流果라고 함)이었습니다.

　아난다 존자는 다른 비구들과 같이 아라한으로서 법회에 참가하기 위해 법회 전날까지 열심히 수행을 하였습니다. 그날은 8월 그믐날이었습니다. 아난다 존자는 몸의 움직임을 알아차려서 통찰지혜를 얻는 신념처身念處 수행을 하며 밤새도록 걸었습니다. '오른 발, 왼발' 또는 '걸음, 걸음' 하고 알아차리는 방법이었을 것입니다. 다음날 새벽이 될 때까지 한 걸음 한 걸음 걸을 때마다 물질과 마음에서 일어나는 현상을 열심히 지켜보았지만, 아라한과를 얻지 못하였습니다.

아난다 존자는 다음과 같이 생각했습니다.

'나는 최선을 다했다. 붓다께서 "아난다야, 너는 바라밀을 갖추고 있다. 수행을 지속하면 언젠가 아라한과를 얻게 될 것이다"라고 하셨다. 그 누구보다도 수행을 열심히 했는데, 왜 나는 아라한과를 이루지 못하는 것인가?'

그러자 그는 또 이런 생각을 하게 되었습니다.

'아, 내가 밤새도록 걸으면서 지나치게 열심히 수행을 했구나. 노력이 지나치고 집중이 적으면 들뜸uddhacca의 상태가 된다. 지금은 걷는 것을 그만하고 노력을 줄여서 집중과 균형을 맞추어야겠다. 그렇다면 누운 자세에서 알아차림을 해야겠다.'

아난다 존자는 방으로 들어가 의자에 앉았습니다. 그리고 몸을 눕히기 시작했습니다. 이렇게 아난다 존자는 누우려는 순간에 '누움, 누움' 하고 알아차리면서 눕는 과정에서 아라한과를 얻은 분으로 알려져 있습니다.

주석서에서는 이런 식으로 아라한과를 얻는 것이 드문 일이라고 기록하고 있습니다. 왜냐하면 걷기, 서 있기, 앉아 있기, 누워 있기 등 네 가지〔行住坐臥〕가 아닌 색다른 자세에서 깨달음을 얻었기 때문입니다.

아난다 존자가 아라한과를 얻은 순간은 발이 바닥에서 떨어져 있었기 때문에 서 있는 자세였다고 말하기도 어렵고, 몸이 베개에 기대려는 자세였기 때문에 앉아 있는 자세였다고도 할 수 없습니다. 또 머리가 아직 베개에 닿지 않고 몸도 평평하게 눕지 않았기 때문에 누운 자세라고도 할 수 없습니다.

아난다 존자는 수다원이었기 때문에 마지막 깨달음을 얻기 위해서는 세 단계의 깨달음을 거쳐야 했습니다. 두 번째 단계로서 한 번만 태어나는 사다함(斯多含 또는 一來果, sakadagami magga & phala), 세 번째 단계로서 다시 오지 않는 아나함(阿那含 또는 不還果, anagami magga & phala), 마지막 단계로서 다 이룩한 완성자인 아라한(阿羅漢, arahatta magga & phala)이 있는데, 이 상태는 한순간에 일어납니다. 그렇기 때문에 긴장

이 풀어지거나 알아차림을 놓치지 않도록 주의 깊게 지켜보는 수행
을 해야 합니다.

누워서 하는 와선臥禪

    눕는 동작에서도 주의 깊은 알아차림이 계속되어야 합니다. 만약
졸려서 눕기를 원한다면 '졸림, 졸림, 원함, 원함'이라고 알아차려야
합니다. 손을 올릴 때는 '올림, 올림', 뻗을 때는 '뻗음, 뻗음', 닿을
때는 '닿음, 닿음', 누울 때는 '누움, 누움', 몸을 기울여 바닥에 누울
때는 '누움, 누움'이라고 알아차립니다. 눕는 동작은 매우 천천히
이루어져야 합니다. 베개에 닿을 때는 '닿음, 닿음'이라고 알아차려
야 합니다.

    몸에 닿는 부분은 많지만, 한 번에 한 부분씩 알아차려야 합니다.
누운 뒤에도 손과 다리를 제자리로 갖고 오는 과정에서 많은 동작이
일어납니다. 이 동작들도 '올림, 뻗음, 구부림, 움직임' 등으로 주의
깊게 알아차려야 합니다. 몸을 돌릴 때는 '돌림, 돌림' 하고 알아차려
야 합니다.

    특별한 동작을 취하지 않을 때는 '일어남, 꺼짐'의 일상의 수행으

로 돌아와야 합니다. 옆으로 눕거나 등을 대고 누웠을 때는 특별히 취할 동작이 없습니다. 이때도 '일어남, 꺼짐'의 일상의 수행으로 되돌아와야 합니다.

그렇지만 누운 자세에서도 마음이 돌아다니는 때가 있습니다. 돌아다니는 마음이 어디론가 가고 있을 때는 '감, 감'이라고 알아차리고, 마음이 어느 장소에 머무를 때는 '머무름, 머무름'이라고 알아차립니다. 앉은 자세에서 좌선하는 것과 마찬가지의 방법으로 '계획함, 생각함' 등으로 마음을 알아차립니다. 한두 번 알아차리면 망상은 대개 사라집니다. 그러면 다시 '일어남, 꺼짐'의 일상의 수행으로 되돌아옵니다.

침을 삼키거나 뱉고 싶거나, 통증이나 화끈거림, 간지러움 등을 느끼는 수가 있고, 자세를 바꾸거나 팔다리를 움직이는 동작을 하는 경우도 있습니다. 각각의 동작을 알아차려야 합니다.

집중이 충분히 성숙되어 있을 때는 눈꺼풀을 열고 닫으면서 깜박거리는 동작도 알아차릴 수 있습니다. 특별히 알아차릴 동작이 없을 때는 일상의 수행으로 돌아와야 합니다.

밤이 늦었기 때문에 자야 한다는 생각으로 수행을 중지하고 자러

가는 것은 그리 좋은 일이 아닙니다. 진심으로 수행을 하려는 사람은 며칠 밤을 자지 않고 수행을 할 마음의 준비가 되어 있어야 합니다.

잠들 때와 깨어나서 알아차리기

경전에서는 수행의 다양성을 위해서 4정근(四正勤, cātu raṅga viriya)을 계발할 필요가 있음을 강조하고 있습니다. 수행자라면 해골과 살가죽만 남을 정도로 마르고, 뼈와 살이 말라 비틀어져도 수행을 통해 얻고자 하는 것을 얻을 때까지 열의와 노력을 기울여야 합니다. 이러한 가르침은 수행자를 강한 결심으로 이끕니다.

집중이 충분히 잘 될 때는 졸음을 물리칠 수 있지만, 졸음에 굴복해 버리면 잠에 빠져듭니다. 졸릴 때는 '졸림, 졸림' 하고 알아차리고, 눈꺼풀이 내려올 때는 '내려옴, 내려옴'이라고 알아차리며, 희미해질 때는 '희미함, 희미함' 하고 알아차립니다.

이러한 알아차림을 통해 졸음을 떨치고 맑은 정신으로 되돌아올 수 있습니다. 이때에는 '정신이 맑음, 맑음'이라고 알아차린 뒤, '일어남 꺼짐'의 일상의 수행으로 되돌아옵니다. 아주 많이 졸린 상황에서는 마음과는 달리 깨어 있는 것이 불가능합니다. 그렇기 때문에 초보자의 경우에는 앉거나 걸으면서 수행을 하는 것이 바람직합니다.

그렇지만 밤이 늦으면 누운 채로 '일어남, 꺼짐'의 수행을 해야 합니다. 이 자세에서는 잠들어 버리기 쉽습니다. 잠이 들어 버리면 알아차리는 수행이 불가능합니다. 수행자에게는 이때가 긴장을 풀 수 있는 시간입니다. 한 시간을 자면 한 시간의 휴식이 주어지고, 두서너 시간을 자면 더 긴 시간을 휴식할 수 있습니다. 그러나 수행자가 하루에 네 시간 이상을 자는 것은 바람직하지 않습니다. 일반적으로 네 시간이면 충분합니다.

잠이 깨면 그 순간부터 수행을 시작해야 합니다. 깨어 있는 동안에는 의도적으로 수행에 몰두하는 것이 깨달음을 얻고자 하는 수행자의 일상이어야 합니다. 깨어나는 순간 알아차리지 못한 경우에는 '일어남, 꺼짐'의 일상의 수행에서부터 시작해야 합니다.

만약 잠에서 깨자마자 무언가 생각하고 있다는 것을 알게 되면 '생각함, 생각함' 하고 알아차린 뒤, '일어남, 꺼짐'의 일상의 수행으로 되돌아옵니다. 깨어나자마자 목소리나 소리를 들었을 때는 '들음, 들음' 하고 알아차린 뒤 일상의 수행으로 되돌아옵니다.

잠에서 깨어나자마자 몸을 이쪽저쪽으로 돌리거나, 손발을 움직이는 동작을 할 수도 있습니다. 이 동작들도 일어나는 순서대로 알아차려야 합니다. 또는 이러한 동작들을 하고자 하는 마음을 먼저 알아차릴 수도 있습니다. 또는 통증이 먼저 있을 때는 통증을 우선 알아차린 뒤 몸의 동작을 알아차립니다. 만약 아무 동작도 없이 조용히 깨어났을 때는 '일어남, 꺼짐'의 일상의 수행을 시작합니다.

일어나려고 할 때는 '일어나려 함, 일어나려 함' 하고 의도를 알아차린 뒤, 손발을 움직이는 동작을 순차적으로 알아차리기 시작합니다. 몸을 일으키며 '일으킴, 일으킴', 몸을 세우고 나서 앉는 자세를 취할 때는 '앉음, 앉음' 하고 알아차리고, 그 밖에 손발을 제자리에 놓는 행위를 하는 경우에는 그 동작들을 알아차립니다. 특별한 움직임이 없을 때는 '일어남, 꺼짐'의 일상의 수행을 시작합니다.

모든 것이 알아차릴 대상이다

지금까지는 알아차릴 대상과 관련하여 네 가지 자세에 대한 경우와 한 자세에서 다른 자세로 바꾸는 경우에 관하여 설명하였습니다. 이는 단지 수행을 이끌어가는 과정에서 이행되어야 할 알아차림의 주요 대상에 관하여 그 윤곽만을 이야기하였을 뿐입니다.

수행을 시작하면서 이 가르침을 모두 따르기는 어렵습니다. 많은 가르침을 지나치기 쉽습니다. 그러나 충분히 집중이 되면 여기에서 열거한 것보다도 더 많은 것을 알아차리는 것도 어려운 일이 아닙니다. 점차로 알아차림과 집중이 계발되면서 빠르게 지혜가 일어납니다. 그러면 더 많은 것을 인지할 수 있습니다. 이 수준의 맞는 수행을 해야 합니다.

수행은 아침에 얼굴을 씻거나 목욕을 할 때도 계속되어야 합니다. 이 경우에는 동작이 빠르게 이루어질 수밖에 없기 때문에 명상수행도 이에 맞추어서 이루어져야 합니다.

컵을 잡기 위해 손을 뻗으며 '뻗음', 컵을 잡으며 '잡음', 컵을 내려놓으며 '내려놓음', 컵을 몸 쪽으로 가져오며 '가져옴', 물을 부으며 '부음', 차갑다고 느끼며 '차가움', 문지르며 '문지름' 하고 알아차려야 합니다.

옷을 갈아입거나 잠자리를 정리하거나, 문을 여는 등의 많은 동작들이 있습니다. 이러한 동작들도 가능한 한 자세하게 연속적으로 알아차려야 합니다.

밥을 먹을 때도 알아차림이 이루어져야 합니다.

밥상을 쳐다보며 '봄, 봄',

접시에 손을 뻗으며 '뻗음, 뻗음',

손이 음식에 닿을 때 '닿음, 뜨거움, 뜨거움',

음식을 모으면서 '모음, 모음',

음식을 집으며 '집음, 집음',

음식을 들어 입으로 가져오며 '가져옴, 가져옴',

목을 구부리며 '구부림, 구부림',

손을 거두며 '거둠, 거둠',

손이 접시에 닿으면 '닿음, 닿음',

목을 바로세우며 '세움, 세움',

음식을 씹으며 '씹음, 씹음',

음식을 씹으면서 음식 맛을 알면 '앎, 앎',

음식 맛이 좋을 때는 '좋아함, 좋아함',

그 느낌으로 기쁠 때는 '기쁨, 기쁨',

음식을 삼킬 때는 '삼킴, 삼킴' 하고 알아차립니다.

지금 묘사한 것들은 식사가 끝날 때까지 음식을 섭취하는 과정에 대한 알아차림입니다. 초보자에게는 모든 동작을 알아차리는 것 역시 어려울 수 있습니다. 놓치고 지나가는 것이 많을 것입니다. 그렇지만 상관하지 말고 가능한 한 많이 알아차리도록 노력해야 합니다. 연습을 계속하면, 여기 언급된 것보다 더 많은 동작을 쉽게 알아차릴 수 있습니다.

실질적 수행에 관한 핵심 정리

알아차림에 관한 실질적 수행에 대한 가르침은 이제 거의 다 끝났습니다. 세밀하고 길게 설명하였기 때문에 이것을 모두 기억하는 것이 쉽지 않을 것입니다. 잘 기억할 수 있도록 가장 중요하고 핵심적인 것 몇 가지를 언급하겠습니다.

걷고 있는 경우에 수행자는 걸음의 동작을 알아차려야 합니다.

빠르게 걸을 때는 '오른발, 왼발' 각각의 발걸음을 알아차립니다. 발의 움직임에 의도적으로 주의를 집중합니다.

천천히 걸을 때는 '들어서, 놓음, 들어서, 놓음' 하고 두 단계로 각 발걸음을 알아차립니다.

앉은 자세에서는 배의 움직임을 '일어남, 꺼짐, 일어남, 꺼짐'이라고 알아차리면서 수행합니다.

누운 자세에서도 '일어남, 꺼짐, 일어남, 꺼짐'이라고 알아차려야 합니다.

'일어남, 꺼짐'이라고 알아차리는 과정에서 마음이 달아난다면 그 마음을 그대로 두지 말고 바로 알아차려야 합니다.

상상할 때는 '상상함, 상상함',
생각할 때는 '생각함, 생각함',
마음이 어딘가로 갈 때는 '감, 감',
마음이 어느 장소인가로 가고 있을 때는 '감, 감' 하는 식으로 일어나는 마음을 모두 알아차립니다.

그러고 나서 '일어남, 꺼짐'의 일상의 수행으로 다시 돌아와야 합니다.

손, 발, 몸에 피로가 느껴지거나, 화끈거리거나, 찌르는 아픔을 느끼거나, 통증 또는 간지러움이 있을 때도 바로 알아차려서 '피로함, 화끈거림, 찌름, 아픔, 간지러움' 등으로 알아차려야 합니다. 그러고 나서 '일어남, 꺼짐'의 일상의 수행으로 돌아옵니다.

손발을 구부리거나 뻗거나, 목이나 팔다리를 움직이거나, 몸을 앞뒤로 기울이거나 하는 등의 동작이 있을 때는 재빨리 이를 추적해 움직임의 순서대로 알아차려야 합니다. 그러고 나서 '일어남, 꺼짐'의 일상의 수행으로 되돌아와야 합니다.

이런 방법으로 수행이 계속되면 알아차리는 대상이 점점 많아집니다. 처음에는 마음이 조절되지 않으므로 놓치는 대상이 많을 것입니다. 그렇다고 해서 이때 수행의 뜻을 굽혀서는 안 됩니다.

처음에는 누구나 어려움에 부딪칩니다. 그러나 시간이 지난 뒤에는 산란한 마음이 생길 때도 이를 알아차릴 수 있기 때문에 산란해지지 않습니다. 의도한 대상에 마음을 고정시킨 상태를 유지할 수 있습니다. 일어나는 것을 알아차림으로써 대상과 마음을 일치시킵니다. 사라지는 것을 알아차림으로써 역시 대상과 마음을 일치시킵니다.

알아차리는 대상에는 물질적 대상과 그를 알아차리는 마음이 한 조를 이루어 존재합니다. 물질적 대상과 마음은 항상 조를 이루어 생기며, 짝을 이룬 한 조의 물질적 대상과 정신적 대상 이외에 사람이나 자아와 같은 실체는 존재하지 않습니다. 수행을 지속하면 이와 같은 사실을 인지할 수 있게 됩니다.

삼법인의 지혜

'일어남, 꺼짐'을 알아차리고 있으면 물질과 정신은 별개의 것임을 분명히 인지하게 됩니다. 물질과 정신의 요소는 한 조로 연결되어 있습니다. 즉, 물질적 대상은 그것을 아는 마음과 함께 일어나며, 물질적 대상은 그것을 아는 마음과 함께 사라집니다. (발을) 들어서, 앞으로, 놓는 등의 행위는 그것을 아는 각각의 마음과 함께 일어납니다.

이것을 물질과 정신이 별개라는 것을 아는 '정신과 물질을 구별하는 지혜〔nāma rūpa pariccheda ñāṇa〕'라고 하는데, 전 과정에 걸친 통찰지혜의 예비적인 단계에 속합니다. 이 예비적인 단계를 잘 계발하는 것이 중요합니다.

얼마 동안 수행을 지속하면 알아차림과 집중이 현저하게 발전합니다. 이러한 높은 단계에서는 알아차림을 할 때마다 한순간에 일어나고 사라지는 모든 현상을 인지하게 될 것입니다. 반면, 수행을 하지 않은 사람들은 육체와 정신이 일생 동안 항상 머문다고 생각하며, 어린 시절의 몸이 점점 자라나 어른이 되고, 미숙한 마음이 점점 성숙한다고 믿고 있습니다. 육체와 정신은 하나이며 같은 존재라고 믿는 것이 일반적입니다. 그러나 실제로는 그렇지 않습니다. 영원히 지속되는 것은 없습니다. 모든 것은 한순간 존재했다가 다음 순간에 사라집니다. 눈을 깜박이는 짧은 찰나만큼도 지속될 수가 없습니다. 변화는 매우 빨리 일어난다는 것을 수행의 과정에서 인지하게 될 것입니다.

'일어남, 꺼짐'이라고 알아차리면서 수행을 지속하다 보면 이런 현상들이 매우 빠르게 연속적으로 일어났다가 사라진다는 것을 알게 됩니다. 무엇이든 알아차리는 순간 사라진다는 것을 알게 되면서 수행자는 영원히 지속되는 것이 없다는 사실을 알게 됩니다. 이와 같이 모든 것이 영원하지 않음을 알게 되는 것을 '무상을 아는 지혜〔anicca anupassanā ñāṇa〕'라고 합니다.

그렇게 되면 수행자는 모든 것이 변한다는 사실이 괴로운 것임을 깨닫고 이 같은 상태를 결코 원치 않게 됩니다. 이것을 '고통을 아는 지혜〔dukkha anupassanā ñāṇa〕'라고 합니다. 고통은 또한 여러 괴로운 느낌의 무더기에 지나지 않는다는 것을 알게 됩니다. 이것도 역시 같은 지혜에 속합니다.

그런 다음에는 물질과 마음은 결코 원하는 대로 되는 것이 아니 며, 스스로의 성품과 조건에 따라 움직이는 것임을 알게 됩니다. 알아차리는 수행을 지속하면서 수행자는 이 같은 과정이 원한다고 해서 조절되는 것이 아니라는 것, 사람이나 살아 있는 실체 또는 자아가 아니라는 것을 알게 됩니다. 이것을 '자아가 없음을 아는 지혜〔anatta anupassanā ñāṇa〕'라고 합니다.

도와 과의 지혜에 도달하기까지

수행자가 무상無常, 고苦, 무아無我를 아는 통찰지혜를 얻게 되면 열반을 실현하게 됩니다. 먼 옛날 헤아릴 수 없는 오래전부터 출현하셨던 붓다들과 아라한, 성자들은 바로 위빠사나 수행을 통해 열반을 얻었습니다. 위빠사나 수행은 수행자를 열반으로 인도하는 가장 빠른 길입니다.

실제로 위빠사나는 네 가지에 대한 알아차림을 확립하는〔四念處 satipaṭṭhāna〕 팔정도八正道 수행법이므로 열반으로 가는 가장 빠른 길입니다.

이제부터 여러분은 위빠사나 수행을 시작하게 될 것입니다. 이 수행은 붓다와 아라한, 성자들이 택했던 효과적인 방법임을 마음에 새겨두어야 합니다. 이 수행은 여러분이 진실한 마음으로 가르침을 얻기를 발원했고, 이제 그 가르침을 들을 수 있는 성숙한 단계에 이르렀기 때문에 얻게 되는 기회입니다. 이런 기회를 갖게 된 것을 진심으로 기뻐해야 합니다.

또한 이 길을 흔들림 없이 걸어감으로써 붓다와 아라한, 성자들이 그러하였던 것처럼 집중과 지혜를 계발하게 될 것이라는 확신을 가져야 합니다. 지금까지 살아오면서 한번도 갖지 못한 순수한 상태의 집중을 경험할 것이고, 이와 같이 증장된 집중을 통하여 청정한 기쁨을 누릴 수 있을 것입니다.

또한 여러분은 실제로 일어나는 행위에 대한 직접적인 경험을 통하여 무상, 고, 무아의 지혜를 실제로 알게 될 것이고, 또 이런 지혜를 계발시켜 열반을 실현할 수 있을 것입니다. 이 목표를 성취하기까지는 그리 오랜 시간이 걸리지 않을 수도 있습니다. 한 달 만에 실현할 수도 있고, 보름 혹은 20일 만에 실현할 수도 있으며, 아주 드물기는 하지만 7일 만에 목표에 도달한 경우도 있었습니다.

그러므로 수행자는 이 수행을 하면 틀림없이 도와 과의 지혜를 얻고 열반을 성취할 수 있다는 확신에 찬 믿음을 가지고 최선을 다하여 알아차림의 수행에 임하여야 합니다. 그렇게 함으로써 자아가 있다는 잘못된 생각〔邪見〕과 의심으로부터 벗어나 지옥, 축생, 아수라 등 불행한 존재로 윤회하는 것으로부터 자유로울 수 있을 것입니다.

사두, 사두, 사두!

제2권

실질적인 위빠사나 수행법

Practical Vipassanā Meditational Exercises

Buddhasasananuggaha Association, 양곤, 1978년 초판 발행

종교서적 출판허가 No.11486

표지 아웅 싼 인쇄 (Dhammadana)

Published by U Min Swe (Exemption No.04869)

Hony Secy, Buddhasasananuggaha Association,

No.16, HermitageRoad,Kokine,Rangoon,Burma

Printed by U Tin Maung (0256-Perm) at Sarpay-paungku Press,

No. 90 A-B, Wezeyanta Street, {8} Yat-kwet, South Okkalapa, Rangoon

제2권
실질적인 위빠사나 수행법

차례

마하시 사야도의 삶 · 102

실질적인 위빠사나 수행법 · 119

육체적 현상과 정신적 현상 · 119
마음이 하는 것을 알아차리다 · 121
느낌을 알아차리다 · 124
지속적인 알아차림 · 127
병자처럼 움직인다 · 128
아난존자가 아라한이 되기까지 · 131
잠들기 전 알아차리기 · 133
잠에서 깨어나서 알아차리기 · 136
먹을 때 알아차리기 · 137
몇 가지 요약 · 138
알아차림을 지속하다 · 139
무상, 고, 무아를 아는 지혜 · 141

마하시 사야도의 삶

덕망의 지도자, 마하시 사야도는 1904년 마얀마 북부 지역의 역사적인 도시, 쉐보에서 서쪽으로 11.3킬로미터 가량 떨어진 곳에 자리한, 경치 좋고 번창한 도시 세이쿤에서 태어났습니다. 마하시 사야도의 부모, 우 칸토와 도 쉐옥은 농사를 짓는 소규모 자작농이었습니다.

사야도는 여섯 살이 되던 해, 세이쿤의 삐인마나 사원의 우 아디까 큰스님 밑에서 종교 수업을 받았습니다. 그로부터 6년 뒤, 사야도는 큰스님으로부터 수계를 받고, 사미승이 되었습니다. 이때 신 소바나(Shin Sobhana, 상서롭다는 뜻)라는 법명을 얻었는데, 이는 그가 신심이 굳고, 행동거지에 기품이 있으며, 온화한 성품을 가졌기 때문에 붙여진 이름이라고 합니다.

그는 총기 있고 똑똑한 수행자로서 경전 공부에 있어 빠르고 두드러진 성과를 나타냈습니다. 스승인 우 아디까가 교단을 떠난

뒤, 신 소바나는 잉긴또우－따익, 투기키아웅 사원의 우 빠라마 사야
도의 지도를 받으며 공부를 계속했습니다.

19세가 되던 해, 신 소바나는 계를 지키면서 남은 생을 붓다의
가르침을 따르기 위해 바칠 것인가, 젊은 아내가 기다리고 있는
세속으로 돌아갈 것인가에 대하여 중대한 결정을 내려야 했습니다.
그는 이미 수행의 길로 가겠다는 자신의 뜻이 굳건함을 알고, 이
길을 가기로 했습니다.

1923년 11월 26일, 그는 성스러운 의식을 통해 계를 받고, 정식
으로 비구가 되었습니다. 수계는 수메다 사야도 아신 님말라로부터
받았습니다. 이로써 아신 소바나가 된 미래의 마하시 사야도는 비구
가 된 지 4년 만에 정부의 빨리 경전시험 3단계(초급, 중급, 상급)를
모두 통과했습니다.

이후 아신 소바나는 붓다의 교학이 활발한 곳으로 알려진 만달
레이로 건너가 훌륭한 스승들로부터 더 깊이 있는 경전 가르침을
받았습니다. 하지만 경전 공부를 위해 킨마칸 웨스트 사원에 머문
것은 1년 남짓이었습니다. 따익－키아웅 사원의 지도자인 따웅웨
인갈레(그는 아신 소바나와 같은 마을 출신임)의 부름을 받아 몰민으로
건너가 경전을 가르치는 일을 돕기 시작하였습니다. 따익－키아웅

사원에서 경전을 가르치면서 아신 소바나는 스스로도 경전공부에 몰두했는데, 특히 『대념처경大念處經』에 관심을 갖고 철저하게 공부했습니다.

그는 위빠사나 수행의 알아차림을 확립〔satipaṭṭhāna〕하는 방법에 더 많은 관심을 갖게 되어 사념처 수행을 가르치는 민군 제따완 사야도가 있는 타똔으로 거처를 옮겼습니다. 민군 제따완 사야도의 가르침에 따라 아신 소바나는 4개월 동안 위빠사나 집중수행을 했습니다.

수행의 성과가 뛰어났기 때문에 1938년 세이쿤을 방문했을 때는 세 명의 제자에게 수행지도를 할 수 있게 되었습니다. 이후 타똔에서 따웅웨인갈레로 되돌아온 뒤(이는 연로한 따익-키아웅 사야도가 편찮았기 때문이며, 이후 사야도는 입적함), 다시 수행 지도를 하면서 사원의 책임자가 되었습니다. 또한 1941년 6월 아신 소바나는 정부가 인정하는 담마짜리아(Dhammacariya, 법의 스승) 시험에 당당히 통과했습니다.

미얀마에 대한 일본의 침공 직전, 마하시 사야도는 따웅웨인갈레를 떠나 고향인 세이쿤으로 돌아가게 되었습니다. 세이쿤은 다행히 전쟁의 공포와 파괴로부터 안전한 고장이었고, 사야도는 이곳의 잉긴또우-따익의 마하시 사원에서 스스로 개발한 사념처 위빠사나 수행법을 더욱 많은 제자들에게 가르칠 수 있었습니다(이때부터 사야도는 '마하시 사야도'로 알려지게 됨). 전쟁 중이던 이 시기에 제자들의 권유로 위빠사나에 대한 기념비적인 입문서를 집필했습니다. 이 책은 사념처 수행법에 대한 원론 및 실제를 망라한, 포괄적이고 권위 있는 입문서로 인정받고 있습니다.

오래지 않아 마하시 사야도는 쉐보-사가잉 지역에서 위빠사나 수행의 지도자로서 그 이름이 널리 알려지게 되었습니다. 그리하여 붓다의 가르침을 널리 펴고자, 미덕과 지혜를 갖춘 훌륭한 지도자가 이끄는 수행 센터의 설립을 추진하고 있던 유복한 신자, 우 트윈 경에게도 알려졌습니다. 사야도로부터 위빠사나 수행에 대한 법문을 듣고, 사야도의 온화하고 기품 있는 태도를 관찰한 우 트윈 경은 마하시 사야도야말로 자신이 찾고 있던 이상적인 수행 지도자라는 확신을 갖게 되었습니다.

그리하여 1947년 11월 13일 양곤에 불교진흥원이 설립되었습니다. 법에 대한 가르침과 수행 지도를 조직의 목표로 하고 우 트윈 경이 초대 원장을 맡았습니다. 우 트윈은 수행 센터를 짓기 위해 양곤의 코킨 지역, 허미티지 로드에 있는 20,235평방미터의 땅을 진흥원에 기증했습니다.

오늘날 1978년의 수행 센터는 79,320평방미터의 대지 위에 여러 채의 건물 및 구조물이 들어서 있습니다. 우 트윈 경은 신뢰할 만한 수행 지도자를 찾았다는 보고를 진흥원에 하고, 미얀마 정부 총리에게 마하시 사야도를 수행 센터로 초빙할 것을 요청했습니다.

제2차 세계대전이 끝난 후, 사야도는 고향인 세이쿤과 몰민의 따웅웨인갈레를 왕래하며 수행 지도를 하는 생활을 했습니다. 얼마 뒤인 1948년 1월 4일, 미얀마는 독립국가가 되었습니다. 1949년 5월, 세이쿤에 머무는 동안 사야도는 『대념처경』의 해설서 번역을 마쳤습니다. 이 번역서는 경전의 일반적인 해설서 번역을 뛰어넘는 훌륭한 것으로, 지도가 필요한 위빠사나 수행자들에게는 필독서라 할 수 있습니다.

같은 해 11월, 전 총리의 개인적인 요청에 따라 마하시 사야도는 두 명의 노련한 사야도와 함께 쉐보-사가잉 지역을 떠나 양곤의 사싸나 선원으로 향했습니다. 이로서 지금으로부터 29년 전, 마하시 사야도는 양곤의 사싸나 선원에서 수행 지도 및 수행 센터의 지휘를 시작하였습니다(당시에는 지금과 같은 수많은 부속시설이 없었던 발전의 초창기였음). 1949년 12월 4일 마하시 사야도는 처음으로 스물다섯 명의 수행자들을 위빠사나 수행으로 이끌었습니다.

그런데 수행자가 점점 늘어나면서 사야도 혼자서 초기 수행자 모두에게 수행 지도를 하는 것이 아주 어렵게 되었습니다. 1951년 7월부터는 수행 초보자를 위해서 마하시 사야도의 말씀을 테이프에 녹음하여 들려주는 방법이 도입되었습니다.

양곤의 사싸나 선원이 최초로 설립된 이래 몇 년이 지나면서 전국 곳곳에 유사한 수행 센터가 생겨났습니다. 마하시에서 수행한 승려들이 이들 수행 센터에서 지도를 했습니다. 수행 센터는 미얀마뿐 아니라 태국, 스리랑카 등 상좌불교 국가로 퍼져나갔습니다. 캄보디아와 인도에도 수행 센터가 생겼습니다.

1972년 조사에 따르면, 수행 센터에서 지도받은 수행자의 수는 미얀마와 해외를 포함에서 칠십만 명이 넘었습니다. 1952년, 마하시 사야도는 교학 및 수행 지도에서 뛰어난 성과를 인정받아, 미얀마 연합국의 대통령이 내리는 아가 마하 빤디따(Agga Maha Pandita, 매우 현명한 분)의 칭호를 받았습니다.

독립 이후 미얀마 정부는 상좌불교 국가 4개국(스리랑카, 태국, 캄보디아, 라오스)과 함께 제6차 불교도를 위한 결집Sangayana을 개최하기로 계획하였습니다. 이를 위한 사전 논의를 위해 정부는 냐웅안과 마하시 사야도 그리고 두 명의 평신도로 구성된 사절단을 태국과 캄보디아에

급파했습니다. 사절단은 두 나라의 불교 교단 최고 지도자들과 함께 경전 결집의 시행안을 논의했습니다.

1954년 5월 17일에는 역사적인 여섯 번째 경전 결집의 의식이 화려한 행렬과 함께 거행되었습니다. 마하시 사야도는 이 결집에서, 힘들고 부담스러운 최종편집자Osana와 질문자Pucchaka의 역할을 훌륭하게 해냈습니다.

이번 결집의 특징은 빨리어 원전뿐 아니라 주석(註釋, atthakatha) 및 복주(覆註, tika)의 개정까지 이루어진 것입니다. 마하시 사야도는 주석서를 개정하는 과정의 책임을 맡았고, 해석이 분분한 원문 및 주석에 대한 결정적인 분석, 훈독, 음역, 조정 등에 대한 최종 결정을 내리는 중요한 역할을 했습니다.

제6차 경전 결집의 중요한 성과로는 대승불교계가 상좌불교에 대한 관심을 다시 갖게 된 것을 들 수 있습니다. 1955년, 결집 행사가 진행될 당시 열두 명의 일본인 승려와 일본인 여성 재가신도가 미얀마를 방문, 상좌불교를 견문했습니다.

승려들은 상좌불교 승단의 사미(沙彌) 수계를 받고, 여성 신도는 팔계녀(八戒女, 상좌불교에는 비구니 계단이 끊어진 관계로 지금은 8계를 지키는 팔계녀가 있음)로 입문했습니다. 뒤이어 1957년 7월, 일본 규슈의 모지 불교진흥원의 초청이 있었고, 미얀마 불교진흥원에서는 승단의 대표로 마하시 사야도가 인솔하는 상좌불교 사절단을 일본에 파견했습니다.

그해(1957년) 마하시 사야도는 빨리어로 『청정도론淸淨道論』의 주석서(註釋書, Visuddhīmagga Atthakatha)를 소개하는 역할을 맡았는데, 이는 특히 천부적인 재능을 가진 주석서의 대가인 붓다고사Ven Buddhaghosa에 대한 오역 및 잘못된 진술을 바로잡아야 하는 어려운 작업이었습니다.

1960년 사야도는 특유의 박식함과 깊이 있는 해석을 담아 작업을 끝냈습니다. 그 무렵 그는 또한, 붓다의 수행에 관한 고전적인 경전이자 주석서인 이 책 두 권(4권 중에서)을 미얀마어로 완역했습니다.

스리랑카 정부의 요청에 따라 1955년 7월 마하시 사야도의 수제자인 우 수자타 사야도가 이끄는 특별 사절단이 스리랑카에 파견되었습니다. 이 사절단의 임무는 알아차림을 확립하는 위빠사나 수행을 알리는 것이었습니다. 사절단은 스리랑카에 일 년 이상 머무르면서 12곳의 상설 수행 센터와 17곳의 임시 수행 센터를 설립하는 좋은 성과를 냈습니다.

스리랑카 정부로부터 받은 부지에 특별히 설계된 중앙 수행 센터를 설립하는 임무까지 수행한 후, 1959년 1월 6일 마하시 사야도는 직접 더 큰 규모의 사절단을 이끌고 인도를 경유해 스리랑카로 향하는 여정을 떠났습니다. 사절단은 인도에 3주 가량 머물면서 붓다가 생애를 보내며 가르침을 편 몇몇 성지를 순례하고, 필요에 따라 법문도 하였습니다.

또한 인도의 스리 자와하랄 네루 총리, 대통령인 라젠드라 프라사드 박사, 부통령인 라다크리슈난 박사와 면담했습니다. 이 방문에서는 특히 고故 암베드카르 박사의 지도를 받으며 불교의 가르침을 따랐던 천민계층의 따뜻한 환대를 받았습니다.

사절단은 1959년 1월 29일 마드라스에서 스리랑카행 비행기에 몸을 실어 당일 콜롬보에 도착했습니다. 2월 1일 일요일, 상설 중앙 수행 센터인 바와나 마자타나의 개소식 행사에서 마하시 사야도는 반다라나야케 총리에 뒤이어 빨리어로 축사를 했습니다.

이어 마하시 사야도를 중심으로 한 사절단은 스리랑카를 순방하며 뽈로나루와, 아누라다뿌라, 칸디 등 불교 성지를 참배했고, 필요에 따라 마하시 사야도는 위빠사나 수행에 관한 법문을 펼쳤습니다.

마하시 사야도의 현명한 리더십과 추진력에 따라 진행된 미얀마 사절단의 역사적인 방문은 두 상좌불교 국가간의 숭고한 협력관계(고대 시대로부터 지속되어 온)로 상호간에 이득이 되는 상징적인 행사였습니다. 이를 통해 이웃나라에서 쇠퇴해 가고 있던 붓다의 명상수행에 대한 관심을 다시 불러일으켰고, 수행 활동을 벌일 수 있는 기반을 쌓게 되어 스리랑카의 불교 진흥에 긍정적인 공헌을 했습니다.

1954년 2월에는 사싸나 선원을 방문하여 위빠사나 수행을 하고 있는 젊고 열성적인 중국인 수행자를 목격하게 되었습니다. 그 수행자는 바로 인도네시아 출신의 젊은 중국계 불교 지도자 붕안인데, 붓다의 수행에 관심을 가지고 있었습니다.

고故 우 나누따라 사야도와 마하시 사야도의 가르침과 지도에 따라 붕안은 수행에 아주 빠른 진전이 있었고, 한 달 동안 마하시 사야도로부터 통찰지혜 과정에 관한 구체적인 가르침을 받았습니다. 후에 그는 비구가 되어 아신 지나라키따라는 법명을 받았습니다. 마하시 사야도가 그의 수행지도 스승이었습니다.

비구가 된 그는 고향인 인도네시아로 돌아가 상좌불교 운동을 일으키는 데 힘썼습니다. 그 결과 불교수행협의회는 미얀마의 불교 지도자를 인도네시아에 파견하여 선교 활동을 해달라는 요청을 받았습니다.

아신 지나라키따의 스승이자 지도자로서 마하시 사야도가 가는 것으로 결정되었습니다. 다른 상좌불교 국가에서 온 열세 명의 승려와 함께 마하시 사야도는 계단(戒壇, sima)을 정화하고, 비구계를 주며, 사미승을 만드는 등 핵심적인 선교 활동을 펼쳤습니다. 또한 붓다의 가르침에 대한 법문을 하면서, 특히 위빠사나 수행에 대한 가르침을 폈습니다.

인도네시아와 스리랑카에 불교의 가르침을 알리고, 전파하고, 강화하는 성과를 올린 마하시 사야도의 상서롭고 훌륭한 선교 활동은 '법의 승리Dhamma-vijaya' 여행으로 불려도 좋을 것입니다.

1952년에 마하시 사야도는 일찍이 태국의 승가부 장관의 요청에 따라 알아차림을 확립하는 위빠사나 수행의 전파를 위해 우 아싸바 사야도와 우 인다왐사 사야도를 태국에 파견했습니다. 두 사야도의 노력에 힘입어 마하시 사야도의 위빠사나 수행법이 태국에서 큰 호응을 얻어 수많은 수행 센터가 생겼으며, 이는 1960년까지 이어져 수행자 수가 수십만 명을 넘었습니다.

제6차 결집 때 승가위원회의 위원장이었던 아비다자마하라타

구루 마쉐예인 사야도의 간곡한 요청으로 마하시 사야도는 붓다고 사의『청정도론』주석서와 담마빨라의『청정도론』주석서를 사싸나 선원 승려들에게 정기적으로 가르치게 되었습니다.

상좌불교의 가르침에 대한 이 두 권의 주석서는 붓다의 명상수행의 이론과 실제를 주로 다루고 있는데, 그 외에도 붓다 교리 Buddha-vāda의 중요한 요점에 대한 설명을 담고 있습니다. 따라서 장차 수행 지도자가 되고자 하는 이들에게는 최고로 중요한 가르침인 것입니다.

이 임무를 맡은 마하시 사야도는 1961년 2월 2일부터 하루에 한 시간에서 한 시간 반, 또는 두 시간 가량 가르침을 폈습니다. 그의 가르침에 대한 제자들의 필기 노트를 기초로 마하시 사야도는 『청정도론』주석서의 해설서nissaya에 대한 번역본을 쓰기 시작해서 1966년 2월 4일에 그 작업을 마쳤습니다.

해설서 번역본을 저술한 것은 마하시 사야도의 뛰어난 성과의 하나로 꼽힙니다. 타종교 및 믿음에서 주장되는 다른 견해를 다룬 '사마얀따라samayantara' 부분은 사야도가 이 책을 번역하면서 가장 힘든 부분이었습니다. 이 부분을 다루기 위해 사야도는 무엇보다 고대 힌두 철학의 학설을 익히고, 영어 및 산스크리트어로 씌어진

문헌을 포함하여 구할 수 있는 모든 참고문헌의 전문 용어를 공부하지 않으면 안 되었습니다.

마하시 사야도는 지금까지 미얀마 불교 문헌을 67권이나 펴내는 공을 세웠습니다. 여기서는 그 모든 책을 언급할 수 없지만, 사야도의 최근 저서인『제석소문경A Discourse on Sakkapañha Sutta』(帝釋所聞經에 대한 논설, 1978년 10월 출간)에는 전권 최신 리스트가 첨부되어 있습니다.

한때 마하시 사야도는 위빠사나 수행에 있어 배의 일어남과 꺼짐을 알아차리는, 소위 비정통적인 수행법을 옹호한다며 일부 사람들로부터 강한 비난을 받았습니다. 이 수행법은 마하시 사야도가 처음 시도한 것으로 잘못 알려져 있지만, 실은 마하시 사야도가 이 수행법을 받아들이기 수년 전, 원조 격인 민군 제따완 사야도가 인정한 수행방법으로서 붓다의 수행법에 전혀 어긋나지 않는 것입니다.

마하시 사야도가 이 수행법을 선택한 이유는 평범한 수행자에게는 풍대(vayōdhatu, 바람, 움직임의 요소) 현상을 알아차리는 것이 쉽기 때문입니다. 그러나 마하시 선원의 어느 곳에서도 이 방법을 의무로 하지 않고 있습니다. 들숨, 날숨을 알아차리는 아나빠나(出入息,

ānāpāna) 방식이 잘 맞고, 또 이 방법으로 하는 것이 편안한 수행자들은 이 방식으로 수행을 합니다.

마하시 사야도는 자신에 대한 비판에 대해 논쟁을 벌이지 않았는데, 두 제자가 마하시 사야도의 수행법을 옹호하는 책을 펴내어 이 논쟁에 관심 있는 사람들이 참조하고 스스로 판단할 수 있게끔 하였습니다.

이 논쟁은 미얀마서만 일어난 것이 아니라, 스리랑카에서도 제기된 적이 있습니다. 당시 논쟁을 제기한 승려들은 실제로 명상수행을 경험해 보지 않아 잘 모르는 상태에서 신문이나 기사 등을 통해 공개적으로 마하시 사야도를 맹렬하게 공격했습니다.

이 비난성 논쟁이, 전 세계적으로 전파되기 쉬운 영어로 전개되었기 때문에 더 이상 침묵할 수 없다고 판단한 까바예World Peace Pagoda Campus의 고故 우 나누따라 사야도가 실론의 불교 잡지『월드부디즘World Buddhism』을 통해 강력하게 이 비판에 대응한 것입니다.

마하시 사야도는 붓다 수행 분야에서 세계적인 명성과 평판을 얻고 있었기 때문에, 그를 만나기 위해 수없이 많은 수행자와 방문자가 찾아왔습니다. 그중에는 종교적 문제와 혼란으로부터 벗어나기 위해 가르침을 찾아온 이도 있었고, 사야도의 개인적인 지도와 가르침을 받으며 알아차림을 확립하는 위빠사나 수행을 하고자 하는 이들도 있었습니다.

이러한 초기 수행자들 중에는 1952년 싱가포르에서 사싸나 선원을 방문하여 실제로 수행에 참여한 전 영국 해군 소장인 샤톡이 있었습니다. 그는 영국으로 돌아간 뒤 그의 수행의 경험과 감사의 마음을 담은 『알아차림의 경험An Experiment in Mindfulness』이라는 책을 출간했습니다.

캘리포니아에서 온 프랑스계 미국인 로버트 듀보도 그와 같은 수행자였습니다. 처음에 그는 재가 수행자로서 선원에서 수행을 시작했으나 후에 비구가 되었습니다. 나중에는 스스로의 수행 경험과 위빠사나 수행방법론에 대한 책을 프랑스에서 출간하였습니다.

특히 인도의 부다가야에서 온 아나가리카 스리 무닌드라는 마하시 사야도의 수제자가 되어 수년간 사야도를 가까이 모시면서 불교 경전 및 위빠사나 수행을 배웠습니다. 그는 현재 서구 국가로부터 많은 수행자들이 찾아오는 부다가야의 국제 선원을 운영하고 있습니다.

이러한 수행자들 중에는 젊은 미국인 조셉 골드스타인도 있었습니다. 그는 최근 통찰지혜 수행에 대하여 고찰한『통찰지혜에 대한 경험 : 자연적 성품의 드러남The Experience of Insight : A Natural Unfolding』이라는 제목의 책을 펴냈습니다.

마하시 사야도의 저서는 해외에서도 번역되어 널리 알려졌습니다. 미국 캘리포니아, 샌프란시스코의 유니티 출판사에서 펴낸『알아차림을 확립하는 위빠사나 수행The Satipatthāna Vipassanā Meditation』과『실질적인 통찰지혜 수행Practical Insight Meditation』 그리고 스리랑카, 칸디의 불교 편찬회에서 펴낸『통찰지혜의 향상Progress of Insight』 등이 있습니다.

사심 없고 유능한 우 뻬 틴과 마나웅 우 띤이 사야도를 찾아오는 해외 방문 수행자를 도우며 위빠사나 수행에 대한 사야도의 법문을 영어로 번역하는 일을 지원했습니다. 그들 역시 훌륭한 수행자였습니다.

덕망의 지도자 마하시 사야도는 미얀마와 해외의 수많은 제자들로부터 깊은 존경을 받고 있습니다. 오늘날 마하시 사야도는 이미 75세입니다. 젊은이나 중년의 체력과 활력을 보이시지는 않지만, 붓다의 진정한 아들로서, 그는 용맹하게 스승의 말씀을 전 세계에 전하고, 셀 수 없이 많은 사람들을 밝음과 해탈의 길로 이끌었습니다.

존경스러운 마하시 사야도가 부디 장수하시고, 앞으로도 오랫동안 붓다의 가르침과 복덕을 입으시기를 기원하며…….

양곤, 1978년 10월 18일

우 뉘 뉘(U Nyi Nyi. 마하시 제자, 불교진흥원 집행위원회 회원)

실질적인 위빠사나 수행법

육체적 현상과 정신적 현상

위빠사나 수행 혹은 통찰지혜 수행이라고 하는 것은 수행자가 자신의 몸에서 일어나는 정신적, 육체적 현상의 자연적 성품을 바르게 이해하고자 노력하는 수행법입니다.

육체적 현상은 누구나 분명하게 인식할 수 있는 물질 또는 대상으로서, 물질의 무더기(色蘊, rūpa)로 구성되어 있습니다. 정신적 현상 혹은 심리적 현상은 인식 행위 또는 아는 행위nāma를 말합니다.

이러한 물질적rūpa 현상과 정신적nāma 현상은 무엇을 보거나,

---

* 이 글은 마하시 사야도 아가 마하 빤디따 우 소바나께서 미얀마의 양곤 시에 있는 사싸나 선원 수행 센터에서 제자들을 위하여 위빠사나 수행에 대한 가르침을 주신 내용입니다. 미얀마어로 된 말씀을 우 뉘 뉘가 영어로 옮긴 것입니다.

듣거나, 냄새 맡거나, 맛보거나, 만지거나 또는 생각할 때는 언제든 분명하게 드러납니다. 이때 우리는 이것들을 주시하고 지켜보면서 '봄, 봄', '들음, 들음', '냄새 맡음, 냄새 맡음', '맛을 봄, 맛을 봄', '만짐, 만짐', '생각함, 생각함'이라고 알아차리도록 노력해야 합니다.

수행자는 무엇을 보거나, 듣거나, 냄새 맡거나, 맛보거나, 만지거나 또는 생각하는 매 순간마다 이것을 알아차려야 합니다. 그러나 수행을 시작한 지 얼마 되지 않았으면 이 모든 일어남을 알아차릴 수가 없습니다. 그러므로 수행자는 우선 분명하고 알기 쉬운 것을 알아차리는 것으로부터 시작해야 합니다.

호흡을 할 때는 언제나 배의 일어나고 꺼지는 움직임이 있습니다. 이러한 물질적 특성을 풍대(風大, vāyodhātu)라고 합니다. 수행자는 의식적으로 복부를 주시하여 풍대를 알아차리는 것으로부터 시작해야 합니다. 숨을 들이쉴 때는 배가 일어났다가 내쉴 때는 배가 꺼지는 것을 알 수 있을 것입니다.

배가 일어날 때는 마음속으로 '일어남'이라고 알아차리고, 배가 꺼질 때는 '꺼짐'이라고 알아차려야 합니다. 마음속으로 알아차리는 것만으로 배의 움직임이 분명하게 느껴지지 않을 때는 배 위에 손을 얹습니다.

이러한 경우에는 호흡을 일부러 바꿀 필요가 없습니다. 호흡을 천천히 하거나 빨리 하려고 노력할 필요도 없습니다. 강하게 호흡하려 할 필요도 없습니다. 호흡을 인위적으로 바꾸려 하면 쉽게 피로해집니다. 평상시와 같이 호흡하면서 배의 일어남과 꺼짐이 일어날 때마다 알아차립니다. 마음으로 알아차리고 입으로는 말하지 않습니다.

위빠사나 수행에 있어서 말하거나 명칭을 붙이는 것은 중요하지 않습니다. 무엇보다 중요한 것은 아는 것, 즉 인식하는 것입니다.

배의 일어남을 알아차릴 때는 마치 눈으로 대상을 지켜보는 것처럼, 움직임의 시작에서부터 끝까지 알아차려야 합니다. 배의 꺼짐을 알아차릴 때도 마찬가지입니다. 이런 식으로 배의 움직임을 알아차린다는 것은 움직임과 동시에 알아차림을 한다는 것입니다.

움직임과 이를 알아차리는 마음은, 마치 목표물에 돌멩이를 던져 맞히는 것처럼 일치해야 합니다. 배의 꺼짐의 경우도 마찬가지입니다.

마음이 하는 것을 알아차리다

배의 움직임을 알아차리고 있을 때도 마음이 어딘가로 달아날 것입니다. 이때도 '달아남, 달아남'이라고 마음으로 알아차려야 합니다. 이렇게 한두 번 알아차리다 보면 마음은 돌아다니는 것을 멈추고 배의 일어남, 꺼짐을 알아차리는 것으로 되돌아옵니다.

만약 마음이 어딘가로 가면 '감, 감'이라고 알아차립니다. 그리고 배의 일어남, 꺼짐으로 되돌아옵니다. 만약 누군가를 만나는 상상을 하고 있다면 '만남, 만남'이라고 알아차린 뒤, 일어남과 꺼짐으로 되돌아와 알아차립니다. 만약 누군가를 만나 말하는 상상을 하고 있다면 '말함, 말함'이라고 알아차립니다.

한마디로 망상이 생기거나 다른 생각을 하게 될 때는 이를 알아차려야 합니다.

만약 상상을 하고 있다면 '상상함'이라고 알아차립니다.
생각하고 있다면 '생각함'이라고 알아차립니다.
계획하고 있다면 '계획함'이라고 알아차립니다.
인지하고 있다면 '인지함'이라고 알아차립니다.
반성하고 있다면 '반성함'이라고 알아차립니다.
행복하다고 느낀다면 '행복해 함'이라고 알아차립니다.
지루하다고 느낀다면 '지루해 함'이라고 알아차립니다.
기쁘다고 느낀다면 '기뻐함'이라고 알아차립니다.

낙담하고 있다면 '낙담하고 있음'이라고 알아차립니다.

이와 같이 모든 마음의 작용에 대하여 알아차림을 하는 것을 심념처(心念處, cittānupassanā)라고 합니다.

이상과 같은 의식 행위들을 알아차리지 못하기 때문에 우리는 이것들을 자아(自我) 또는 개아(個我)라고 생각해 버리기 쉽습니다. 우리는 상상을 하거나, 생각하거나, 계획을 세우거나, 아는(또는 인지하는) 것이 '나'라고 생각합니다.

우리는 어렸을 때부터 쭉 성장해 온 같은 인물이 생각하며 살고 있다고 믿고 있습니다. 실제로는 그러한 인물은 존재하지 않습니다. 그 대신 이러한 의식 행위가 끊임없이 이어져 가고 있을 뿐입니다.

이 때문에 우리는 이러한 의식 행위를 알아차리고, 본질을 알고 자 하는 것입니다. 모든 의식 행위가 일어날 때마다 이것을 알아차 려야 하는 이유가 여기에 있습니다. 이렇게 알아차리면 의식의 행위 는 사라집니다. 그러면 다시 배의 일어남, 꺼짐으로 되돌아와 알아 차림을 지속합니다.

느낌을 알아차리다

오랜 시간 좌선 수행을 하면 몸에 뻣뻣한 느낌이 들거나 화끈거리 수가 있습니다. 이러한 느낌들도 주의 깊게 알아차려야 합니다. 통증이나 피곤함도 마찬가지입니다. 이런 감각들을 괴로운 느낌 (dukkha vedanā, 불만스러운 느낌)이라고 하며, 이를 알아차리는 것을 수 념처(受念處, vedanānupassanā)라고 합니다.

이러한 느낌들을 알아차리지 못하거나 지나쳐 버리는 경우에는 '나는 뻣뻣하다, 나는 뜨거움을 느낀다, 나는 고통스럽다, 나는 조금 전까지는 괜찮았으나 지금은 불쾌한 느낌들 때문에 괴롭다'라는 생각에 빠집니다. 이러한 느낌들을 자아와 동일시하는 것은 잘못된 견해입니다. '나'는 실재하지 않으며, 이는 단지 불쾌하다는 느낌이 연속적으로 새롭게 생기는 것일 뿐입니다.

이는 마치 연속적으로 새롭게 일어나는 전기 자극에 의해 전구에 불이 들어오는 것과 같습니다. 불쾌함을 유발하는 자극이 몸에 접촉할 때마다 불쾌하다는 느낌이 차례로 생기는 것입니다. 뻣뻣함, 화끈거림, 통증 등 어떤 것이든 이러한 느낌들에 대해서는 주의를 기울여서 그리고 의도적으로 마음을 내어서 알아차려야 합니다.

시작한 지 얼마 되지 않은 수행 초보자일수록 이러한 느낌들이 점점 더 커져서 자세를 바꾸고자 하는 욕망이 생깁니다. 이 욕망을 알아차려야 하며, 욕망을 알아차린 수행자는 다시 뻣뻣함, 화끈함 등의 느낌을 알아차리는 것으로 되돌아와야 합니다.

"인내가 열반으로 이끈다"는 말이 있습니다. 이는 수행에 있어서 노력의 중요함을 뜻하는 것입니다. 수행에는 인내가 필요합니다. 수행자가 수행 중에 생기는 뻣뻣함, 열이 나는 느낌 등을 참지 못하고 자세를 자주 바꾸면 집중이 계발되지 않습니다. 집중이 계발되지 않으면 통찰지혜가 생기지 않으며, 따라서 도(道, magga, 열반에 이르는 길)와 과(果, phala, 도로 인해 얻어지는 결과), 열반에 이를 수 없습니다. 그래서 수행에는 인내가 필요하다는 것입니다.

몸의 뻣뻣함, 화끈거림, 통증과 같은 불쾌한 느낌이 있을 때 인내심을 갖는다는 것은 대단히 어려운 일입니다. 그래도 수행자는 이러한 느낌이 있을 때 바로 수행을 그만두거나 수행의 자세를 바꾸어서는 안 됩니다. 인내심을 갖고 '뻣뻣함, 뻣뻣함' 또는 '화끈거림, 화끈거림'이라고 계속 알아차려야 합니다. 느낌이 심하지 않을 경우에는 참을성을 갖고 알아차리면 느낌이 사라질 것입니다. 집중이 아주 잘 되는 경우에는 강한 느낌도 사라질 것입니다. 그다음에는 다시 복부의 일어남과 꺼짐을 알아차리는 것으로 되돌아와야 합니다.

느낌에 대해서 오랫동안 알아차렸는데도 느낌이 사라지지 않고 참을 수 없을 정도가 되면, 물론 수행 자세를 바꿀 수 있습니다. 그럴 때는 '자세를 바꾸기를 원함, 자세를 바꾸기를 원함'이라고 의도를 알아차려야 합니다.

팔을 들어올릴 때는 '올라감, 올라감'이라고 알아차립니다.
팔이 움직일 때는 '움직임, 움직임'이라고 알아차립니다.

움직일 때는 서서히 해야 하며, '올라감, 올라감', '움직임, 움직임', '닿음, 닿음'이라고 알아차려야 합니다.

몸이 기울어질 때는 '기울어짐, 기울어짐',
발이 올라갈 때는 '올라감, 올라감',
발이 움직일 때는 '움직임, 움직임,
발을 내릴 때는 '내려감, 내려감'이라고 알아차립니다.

더 이상 변화가 없이 완전히 고요해지면, 다시 배의 일어남과 꺼짐을 알아차리는 것으로 되돌아와야 합니다.

알아차림에는 끊어짐이 없어야 합니다. 앞선 알아차림과 뒤따르는 알아차림, 앞선 집중과 뒤따르는 집중, 앞선 인지認知와 뒤따르는 인지가 연속적으로 있을 뿐입니다. 그렇게 해야만 수행자의 정신적 상태는 점차적으로 향상되어 성숙합니다.

도과의 지혜(Magga Phala ñāṇa, 열반에 이르는 길과 그 결과)는 오직 이와 같은 계기가 모아졌을 때 비로소 얻어지는 것입니다. 수행의 과정은 두 개의 나뭇가지를 지속적으로 세게 문질러서 뜨거워지면 불꽃이 일어나는 과정과 같습니다.

지속적인 알아차림

이와 같이 위빠사나 수행은 어떤 현상이 일어나든 알아차림과 알아차림 사이가 끊어지지 않고 지속적으로 이어져야 합니다. 예를 들어, 간지러운 느낌이 일어날 경우 수행자에게는 이것을 견디기 어렵기 때문에 긁고자 하는 욕망이 생깁니다. 이때 바로 긁어서 이 느낌을 없애지 말고, 느낌과 이 느낌을 없애려고 하는 마음 모두를 알아차려야 합니다.

끈기 있게 알아차림을 지속하면 간지러움은 대체로 사라지는데, 이때는 다시 배의 일어남과 꺼짐을 알아차리는 것으로 되돌아옵니다. 간지러움이 사라지지 않을 경우에는 물론 긁어서 그 느낌을 없애야 합니다. 그러나 먼저 그렇게 하고자 하는 욕망을 알아차려야 합니다. 느낌을 없애고자 하는 과정의 모든 움직임, 특히 닿음, 잡아당김, 뗌, 긁음 등의 움직임을 알아차린 뒤, 다시 배의 일어남과 꺼짐을 알아차리는 것으로 되돌아와야 합니다.

자세를 바꿀 때도 그때마다 바꾸려는 의도 또는 욕망을 알아차리는 것으로부터 시작합니다. 그리고 이어서 앉았다가 일어서는 자세, 팔을 들어올리는 움직임, 긁는 동작 등 모든 움직임을 밀착해서 주의 깊게 알아차립니다. 자세를 바꿀 때도 이와 동시에 움직이는 동작에 대한 알아차림이 있어야 합니다. 몸을 앞으로 기울일 때는 몸을 기울이는 것을 알아차립니다. 몸을 일으킬 때는 몸이 가벼워지면서 일으킵니다. 여기에 마음을 집중하여 '일어남, 일어남'이라고 알아차려야 합니다.

병자처럼 움직인다

수행자는 마치 아픈 사람처럼 행동해야 합니다. 건강한 사람들은 대체로 몸을 쉽게 일으키고, 빠르게 그리고 갑작스럽게 행동합니다. 그와 달리 허약한 병자는 천천히, 부드럽게 움직입니다. 마찬가지로 요통이 있는 사람은 갑자기 움직이면 허리가 아프기 때문에 천천히 일어섭니다.

수행자도 이와 같습니다. 수행자는 자세를 바꿀 때도 서서히, 부드럽게 합니다. 그렇게 해야만 알아차림과 집중, 통찰지혜가 생기기 때문입니다. 그러므로 모든 움직임을 부드럽게 그리고 천천히 하는 것으로부터 시작합니다. 일어설 때는 마치 병자와 같이 천천히 움직여야 하며, 동시에 '일어섬, 일어섬'이라고 알아차려야 합니다.

뿐만 아니라 눈으로 보고 있을 때도 수행자는 마치 보지 않은 것과 같이 행동해야 합니다. 귀로 들을 때도 마찬가지입니다. 수행을 할 때 수행자는 오직 알아차림에만 관심을 쏟아야 합니다. 보고 듣는 것에는 관심을 두지 않습니다. 그러므로 이상한 것, 충격적인 것을 보거나 듣거나 하더라도 마치 보지 않고 듣지 않은 것처럼 행동해야 합니다. 오직 주의 깊게 알아차릴 뿐입니다.

몸을 움직일 때도 수행자는 마치 환자처럼 팔다리를 서서히 움직이고, 구부리고, 펴야 합니다. 머리도 서서히 숙이거나 들어야 합니다. 모든 움직임은 부드럽게 이루어져야 합니다.

앉았다가 일어날 때는 서서히 일어나면서 '일어남, 일어남'이라고 알아차려야 합니다.

몸을 펴서 바로 설 때는 '섬, 섬'이라고 알아차려야 합니다. 여기저기를 볼 때는 '봄, 봄'이라고 알아차려야 합니다.

걸을 때는 오른발이 나가는지 왼발이 나가는지 발걸음을 알아차려야 합니다.

발을 들어서 놓을 때에도 연속적인 모든 움직임을 알아차려야 합니다. 매 발걸음마다 오른발이 나가는지 왼발이 나가는지를 알아야 합니다.

이것이 빠르게 걸을 때에 알아차리는 방법입니다. 빠르게 어떤 방향으로 걷고 있을 때도 이런 식으로 알아차리면 될 것입니다.

천천히 걷거나, 들어서, 놓음(cankama walk, 위아래로 걸음)을 할 때는 발걸음을 내딛을 때마다 세 가지의 움직임을 알아차려야 합니다. 발을 들면서, 앞으로 내밀면서 그리고 놓으면서 알아차려야 합니다. 처음에는 들어서, 놓음부터 시작합니다. 발이 들려지는 것을 정확하게 알아차려야 합니다. 마찬가지로 발을 놓을 때도 발이 내려지는 '무거움'을 정확하게 알아차려야 합니다.

발걸음을 내딛을 때마다 '들어서, 놓음'이라고 알아차리도록 합니다. 이틀 정도 지속하면 수월하게 알아차릴 수 있을 것입니다. 그런 다음 위에 설명한 세 가지의 움직임인 발을 '들어서', '앞으로', '놓음'을 알아차리는 단계로 갑니다.

처음에는 하나의 움직임 또는 두 가지 움직임을 알아차리는 정도로 충분하므로 빠르게 걸을 때는 '오른발, 왼발', 천천히 걸을 때는 '들어서, 놓음'을 알아차리도록 합니다.

이렇게 걷다가 앉고자 할 때는 '앉으려 함, 앉으려 함'이라고 알아차립니다. 자리에 앉을 때는 몸이 아래로 향하는 '무거움'을 집중해서 알아차립니다.

아난존자가 아라한이 되기까지

앉을 때는 앉기 위해 움직이는 팔다리의 동작을 알아차려야 합니다. 몸에 아무런 움직임이 없이 아주 고요한 상태가 되면 배의 일어남과 꺼짐을 알아차리도록 합니다. 알아차리는 도중에 사지가 뻣뻣한 느낌이 들거나 몸의 어딘가에서 열이 나는 느낌이 일어나면, 그 느낌을 알아차린 뒤, 다시 '일어남, 꺼짐'을 알아차리는 것으로 되돌아옵니다.

알아차리는 도중에 눕고 싶은 욕망이 생기면 그것을 알아차리고, 누울 때 팔다리의 움직임을 알아차려야 합니다. 천천히 눕도록 하면서 팔을 듦, 팔의 움직임, 팔꿈치가 바닥에 닿음, 몸의 기울어짐, 다리의 폄, 몸을 누임 등을 알아차려야 합니다.

누울 때의 알아차림은 중요합니다. 움직이는 과정(즉, 눕는 과정)에서 탁월한 지혜, 즉 도의 지혜와 과의 지혜를 얻을 수도 있습니다. 집중과 지혜가 강력할 경우에는 어느 한순간 탁월한 지혜를 얻을 수도 있습니다. 팔을 '구부리는' 순간 또는 팔을 '뻗는' 순간에 얻어질 수도 있습니다. 아난존자는 그렇게 해서 아라한이 되었습니다.

아난존자는 제1차 경전 결집이 시작되기 전날, 아라한과를 얻기 위해 열심히 정진했습니다. 위빠사나 수행법 중의 하나로서 집중적으로 몸을 알아차리는 수행(身至念, kayagatāsati)을 하며 철야 정진을 하였습니다. 이 수행방법은 걸을 때 오른발, 왼발, 앞으로, 놓음 등을 차례로 알아차리면서 걷고자 하는 의도, 그리고 걸음으로 인해 생기는 몸의 움직임 등을 알아차리는 것입니다.

새벽이 될 때까지 철야 정진을 했지만 아난존자는 아라한과를 얻지 못했습니다. 자신이 걷는 수행을 지나치게 오래 했다는 것을 깨달은 그는 집중과 노력의 균형을 바로잡기 위해 잠시 동안 누운 자세에서 수행을 하는 것이 바람직하다고 생각하고 방으로 들어갔습니다. 그는 침상에 앉으면서 몸을 눕혔습니다. 그러면서 '누움, 누움' 하고 알아차리는 순간 아라한과를 얻었습니다.

아난존자가 자리에 눕기 직전에는 열반의 길에 이르는 첫 번째 단계인 수다원〔豫流果〕에 불과하였습니다. 수다원의 단계에서 그는 수행을 계속해서 두 번째 단계인 사다함〔一來果〕, 세 번째 단계인 아나함〔不來果〕의 도과를 얻고 마지막 단계인 아라한에 이르렀습니다. 더 높은 단계의 도를 얻기 위해 연속적으로 도달해야 하는 세 단계를 모두 얻는 데에 걸린 시간이 한순간에 불과하였습니다. 아난존자가 아라한도를 얻은 이야기를 생각해 보십시오 깨달음은 어느 순간에도 올 수 있으며, 오랜 시간이 걸리지 않을 수도 있습니다.

잠들기 전 알아차리기

따라서 수행자는 언제든 꾸준하게 알아차려야 합니다. 알아차림에 쉼이 있어서는 안 됩니다. '잠깐 쉬어도 괜찮을 것이다'라고 생각해서는 안 된다는 것입니다. 자리에 눕고, 팔과 다리를 놓는 모든 움직임에 대해서도 주의 깊게 그리고 빠짐없이 알아차려야 합니다. 몸을 움직이지 않고 고요한 상태가 되면 배의 일어남과 꺼짐을 알아차리는 것으로 되돌아와야 합니다.

밤이 늦어서 잘 시간이 되어도 수행자는 바로 알아차림을 멈추고 잠을 자려고 해서는 안 됩니다. 아주 진지하고 열의를 다하는 수행자는 잠자는 것조차 포기한 듯이 알아차리기 위해 노력합니다. 잠이 들기 직전까지 수행을 지속하도록 해야 합니다.

수행이 잘 되면 수행이 졸음을 이기기 때문에 잠이 오지 않습니다. 반면에 졸음이 수행을 이겼을 때는 잠이 옵니다.

졸릴 때는 '졸림, 졸림',
눈꺼풀이 감기려 할 때는 '감김, 감김',
눈꺼풀이 나른하고 무거울 때는 '무거움, 무거움',
눈이 쏘실 때는 '쏘심, 쏘심'이라고 알아차려야 합니다.

이렇게 알아차리면 졸음이 사라지고 눈이 다시 맑아집니다. 그러면 수행자는 '맑음, 맑음'이라고 알아차리고, 배의 일어남과 꺼짐을 알아차리는 것으로 되돌아와야 합니다.

그러나 아무리 참을성 있게 수행을 지속하려 해도 졸음이 몰려올 때는 잠에 들 수 있습니다. 잠드는 것은 어렵지 않습니다. 사실은 쉬운 것입니다.

누운 자세에서 수행을 할 경우, 점차로 졸음이 몰려와서 결국 잠에 들게 됩니다. 그렇기 때문에 수행을 시작한 지 얼마 되지 않은 초보 수행자는 누운 자세에서 너무 많이 수행하려 해서는 안 됩니다. 그보다는 앉거나 걸으면서 수행을 하는 것이 좋습니다.

그러나 시간이 늦어져 잘 시간이 가까워 오면 배의 일어남과 꺼짐을 알아차리면서 누운 자세에서 수행을 지속합니다. 그렇게 하면 자연스럽게 (자동적으로) 잠이 올 것입니다.

잠을 자는 시간은 수행자에게는 휴식의 시간입니다. 그러나 아주 성실한 수행자는 4시간 정도로 수면시간을 제한하도록 노력합니다. 이는 붓다가 허락한 '취침시간'입니다. 수면은 4시간으로 충분합니다.

그러나 초보 수행자의 경우, 매일 4시간만 자서 혹시 건강이 나빠지지 않을까 걱정된다면 5~6시간으로 늘릴 수도 있습니다. 6시간 정도 잔다면 건강상 충분할 것입니다.

잠에서 깨어나서 알아차리기

잠에서 깨어나면 즉시 알아차림을 시작해야 합니다. 도과를 얻기 위해 열심히 노력하는 수행자라면 오직 잠을 잘 때만 알아차림을 쉬어야 합니다. 그 밖의 깨어 있는 순간에는 쉬지 않고 끊임없이 알아차려야 합니다. 이 때문에 잠에서 깨자마자 잠에서 깬 마음의 상태를 '깸, 깸'이라고 알아차려야 합니다. 만약 이 경우 알아차림이 잘 안 되면 배의 일어남과 꺼짐으로 알아차림을 시작해야 합니다.

침상으로부터 일어나려 할 때는 먼저 '일어나려 함, 일어나려 함'이라고 알아차려야 합니다. 그다음은 팔다리의 움직임을 알아차립니다. 머리를 들고 일어날 때는 '올라감, 올라감'이라고 알아차립니다. 자리에 앉을 때는 '앉음, 앉음'이라고 알아차립니다. 팔과 다리를 움직여서 자세를 바꿀 때도 이러한 모든 움직임을 알아차려야 합니다.

아무런 움직임이 없이 완전히 고요한 상태가 되면 배의 일어남과 꺼짐을 알아차리는 것으로 되돌아갑니다.

세수를 하거나 목욕을 할 때도 물론 알아차려야 합니다. 이러한 행동을 할 때는 움직임이 빨라지는데, 가능한 한 많은 움직임을 알아차리도록 해야 합니다. 또한 옷을 입는 행위, 침상을 정돈하는 행위, 문을 열고 닫는 행위 등의 모든 움직임을 가능한 한 면밀하게 알아차리려고 노력해야 합니다.

먹을 때 알아차리기

수행자가 음식을 받아 식탁과 마주할 때는 '봄, 봄'이라고 알아차려야 합니다. 음식으로 손을 뻗고, 음식에 손을 대고, 음식을 퍼서, 음식을 들고, 입으로 가져오며, 머리를 굽히고, 음식 조각을 입에 넣고, 팔을 내리고, 머리를 다시 세우는 등 이러한 모든 행동을 잘 알아차려야 합니다. 이러한 알아차림의 방식은 미안마의 식사 방법에 따른 것입니다. 포크, 숟가락, 젓가락 등을 써서 식사하는 사람들은 이에 따르는 움직임을 알아차려야 합니다.

음식물을 씹을 때는 '씹음, 씹음'이라고 알아차려야 합니다. 음식의 맛이 느껴질 때는 '느낌, 느낌'이라고 알아차려야 합니다. 음식의 맛을 음미한 뒤에는 음식을 삼키고, 음식이 식도를 따라 움직이는 등의 모든 현상을 알아차려야 합니다.

이것이 수행자가 음식을 한 입 또 한 입 먹으면서 알아차리는 방법입니다.

국물을 마실 때는 팔을 뻗어, 숟가락을 잡고, 국물을 떠내는 등의 모든 행동을 알아차려야 합니다.

식사를 할 때는 알아차림의 대상이 되는 행동이 많기 때문에 수행을 하기가 다소 어렵습니다. 초보 수행자는 알아차리지 못하는 것이 있을 수 있지만, 그래도 모든 행동을 알아차리도록 노력해야 합니다. 못 알아차릴 경우에는 어쩔 수 없지만, 집중이 강화되면 모든 현상을 알아차릴 수 있게 될 것입니다.

몇 가지 요약

지금까지 수행자가 알아차려야 할 것들에 대하여 많은 설명을 하였습니다. 그러나 반드시 알아차려야 할 몇 가지 핵심이 있습니다.

빨리 걸을 때는 '오른발, 왼발'을 알아차립니다.
천천히 걸을 때는 '발을 듦, 내림'을 알아차립니다.
고요히 앉아 있을 때는 복부의 일어남과 꺼짐을 알아차립니다.
누워 있을 때에도 특별히 알아차릴 대상이 없으면 마찬가지

방법으로 알아차립니다.

그렇게 알아차리는 도중 망상이 생기면 망상하는 마음을 알아차립니다.

그다음은 배의 일어남과 꺼짐을 알아차리는 것으로 되돌아와야 합니다.

몸의 뻣뻣함, 고통스러움, 아픔, 가려움 등이 일어나면 그 느낌을 알아차립니다.

그다음은 배의 일어남과 꺼짐을 알아차리는 것으로 되돌아와야 합니다.

팔다리를 굽히거나, 뻗거나, 머리를 수그리거나 또는 몸을 기울이거나, 바로 펴거나 할 때도 역시 그 움직임을 알아차려야 합니다.

그다음은 배의 일어남과 꺼짐을 알아차리는 것으로 되돌아와야 합니다.

알아차림을 지속하다

수행자가 알아차림을 꾸준히 계속하면 더욱 많은 현상을 알아차릴 수 있게 될 것입니다. 처음에는 망상이 일어나 이런저런 생각에 마음이 다른 곳으로 달아나 많은 것을 알아차리지 못할 것입니다. 그러나 그것 때문에 실망할 필요는 없습니다.

수행을 시작하는 모든 사람이 같은 어려움에 부딪힙니다. 하지만 수행에 정진하면 마음이 가는 모든 것을 알아차릴 수 있고, 결과적으로 망상이 잘 일어나지 않게 됩니다. 그렇게 되면 마음은 스스로 대상을 겨냥하여 주시할 수 있게 되고, 배의 일어남과 꺼짐을 대상으로 마음을 겨냥함과 동시에 알아차림이 일어납니다. 즉, 배의 일어남과 동시에 알아차림이 일어나고, 배의 꺼짐과 동시에 알아차림이 일어납니다.

주의를 기울이는 물질적 대상과 그것을 알아차리는 의식은 짝을 이루어 일어납니다. 이러한 현상은 개체 또는 자아가 관여해서 생기는 것이 아니고, 단지 주의를 기울이는 물질적 대상과 그것을 알아차리는 의식이 짝을 이루어 일어날 뿐입니다. 수행자는 언젠가는 이러한 현상을 실제로 몸소 경험하게 될 것입니다.

수행자는 배의 일어남과 꺼짐을 알아차리면서 배의 일어남이 물질적 현상이고, 그것을 알아차리는 의식이 정신적 현상이라는 것을 이해하게 될 것이며, 배의 꺼짐도 역시 그와 같다는 것을 이해하게 될 것입니다. 그래서 수행자는 이러한 정신적, 물질적 현상이 짝을 이루어 동시에 발생한다는 것을 뚜렷하게 이해하게 될 것입니다.

그러므로 알아차리는 행위를 통해서 수행자는 오직 의식의 대상으로서 존재하는 물질, 그리고 이를 알아차리는 의식이 있음을 명확하게 깨닫게 됩니다. 이렇게 구별할 수 있는 지혜를 '정신과 물질을 구별하는 지혜〔nāmarūpa pariccheda ñāṇa〕'라고 하며, 이는 위빠사나 지혜의 첫 단계입니다. 이 지혜를 올바르게 얻는 것은 중요합니다.

수행자가 수행을 계속하면 물질과 정신을 구별하는 지혜는 원인과 결과를 구별하는 지혜로 발전합니다. 이러한 앎을 '원인과 결과를 아는 지혜〔paccaya pariggaha ñāṇa〕'라고 합니다.

무상, 고, 무아를 아는 지혜

수행자가 알아차림을 지속하면 일어난 현상이 잠시 뒤에 사라진다는 것을 스스로 알 수 있을 것입니다. 보통 사람들의 경우에는 물질적, 정신적 현상이 어려서부터 나이가 들 때까지 일생을 통해 지속된다고 생각합니다. 사실은 그렇지 않습니다. 지속되는 현상은 존재하지 않습니다. 모든 현상은 일어났다가 곧 사라지며, 지속하는 순간은 눈 깜박하는 찰나에 불과합니다. 수행자가 알아차림을 지속하면 스스로 이 사실을 알게 됩니다. 그러면 수행자는 모든 현상이 영원하지 않음을 확신하게 될 것입니다. 그러한 깨달음을

'무상을 아는 지혜〔anicca anupassanā ñāṇa〕'라고 합니다.

이 지혜는 '괴로움을 아는 지혜〔dukkha anupassanā ñāṇa〕'로 이어지는데, 이는 무상함으로 인해 고통스러움을 아는 것입니다. 수행자는 또한 자신의 몸을 괴롭게 하는 온갖 현상에 부딪히게 되는데, 그것이 바로 고통의 집합체입니다. 이 역시 괴로움을 아는 지혜입니다.

뒤이어 수행자는 이 모든 정신적, 물질적 현상은 그저 일어날 뿐이지, 어느 누구의 의도가 작용한 것도 아니고, 어느 누구의 통제도 없음을 깨닫게 될 것입니다. 어떠한 개아 또는 자아도 존재하지 않습니다. 이러한 깨달음을 '무아를 아는 지혜〔anatta anupassanā ñāṇa〕'라고 합니다.

지속적인 수행을 통해 모든 현상이 무상하며, 고통이며, 또한 무아임을 확고하게 깨닫게 되면 열반에 이르게 됩니다. 지금까지의 모든 붓다, 아라한 그리고 성자들은 바로 이 길〔道〕을 따라서 열반을 성취하였습니다.

수행을 하는 모든 수행자는 바로 이 알아차림을 확립하는 satipaṭṭhāna 도를 통하여 도道의 지혜〔magga ñāṇa〕와 과果의 지혜〔phala ñāṇa〕를 얻고, 열반에 이를 수 있으며, 또한 바라밀을 성숙시킬 수 있다는 것을 알아야 합니다.

수행자들은 붓다와 아라한 그리고 성자들이 얻은 집중과 지혜를 얻을 수 있다는 것을 기쁘게 생각해야 합니다. 이와 같은 집중과 지혜는 이전에는 결코 경험해 보지 못한 것입니다.

붓다와 아라한과 성자들이 경험한 도와 과 그리고 열반을 경험하기까지 그리 오래 걸리지 않을 수도 있습니다. 어쩌면 수행을 시작한 지 한 달 또는 15일이나 20일 만에 경험할 수도 있습니다. 바라밀이 뛰어난 사람은 일주일 만에 법을 얻을 수도 있습니다.

수행자는 그러므로 이러한 짧은 시간 내에 법을 얻을 수도 있다는 신념을 갖고, 유신견(有身見, sakkāyadiṭṭhi)과 회의적 의심vicikiccha으로부터 벗어나, 세속에서의 윤회의 위험으로부터 벗어나고자 해야 합니다. 이러한 신념을 가지고 수행을 계속해야 합니다.

모든 수행자가 순조롭게 수행에 임해 붓다, 아라한 그리고 성자들이 얻은 열반에 하루빨리 도달할 수 있기를 기원합니다.

사두, 사두, 사두!

제3권

실질적인 통찰지혜 수행

: 기초와 진행 단계

Practical Insight Meditation

: Basic and Progressive Stages

차례

들어가는 말 · 150

제1장 기본 수행 · 157

1. 준비 단계 · 157
   1) 계율을 지킨다 · 157
   2) 네 가지 보호에 대한 숙고 · 159
2. 기본 수행법, 하나 · 162
   1) 일어남, 꺼짐 · 162
3. 기본 수행법, 둘 · 164
   1) 정신적 현상에 대한 알아차림 · 164
4. 기본 수행법, 셋 · 166
   1) 일상의 알아차림 · 166
   2) 수행이 잘 될 때 · 169
   3) 물을 마실 때 · 171
   4) 잠들기 전과 깨어났을 때 · 174
   5) 식사를 할 때 · 176
   6) 수행이 향상한 경우 · 178
5. 기본 수행법, 넷 · 180

6. 요약 · 182

제2장 더 높은 단계의 수행 · 184

대상과 그것을 아는 마음 · 184
개아의 실체는 없다 · 185
의도와 대상이 분명해진다 · 186
모든 느낌은 과거 행의 결과다 · 189
조건 지어져 일어난 현상 · 190
수행 중에 나타나는 현상들 · 191
나타난 현상을 알아차리는 방법 · 192
주석서에서 말하는 무상, 고, 무아 · 194
지나친 숙고에 빠지지 않는다 · 196
현상에 대한 알아차림이 빨라진다 · 197
대상을 낱낱이 알아차리다 · 199
밝은 빛이 보이기도 한다 · 200
반응하지 않고 사라짐을 지켜본다 · 202
긴장을 풀어서는 안 된다 · 204
대상은 빠르게 소멸한다 · 205
실재하는 것이 드러나면 명칭은 사라진다 · 206
수행에 탄력이 붙는다 · 208
소멸도 알아차릴 대상이다 · 209
고난의 지혜 · 211
혐오감에 대한 지혜 · 212
해탈을 원하는 지혜 · 213
다시 살펴보는 지혜 · 215

애쓰지 않아도 알아차림이 지속된다 · 217
어떤 경우에도 알아차림을 놓치지 않는다 · 219
단지 알아차릴 뿐이다 · 220

제3장 열반은 어떻게 실현되는가 · 223

수다원의 도과에 이르다 · 225
다시 열반에 들어가다 · 229
다시 살펴본다 · 232

제4장 어떻게 더 높은 도과에 도달하는가 · 235

아나함의 도과 · 238
아라한의 도과 · 239
바라밀 공덕과 노력 · 239
조언 · 241
별도의 주석 · 242

부록__명상수행의 기법 · 244

일어나고 꺼지는 복부의 움직임 · 246
먼저 물질적인 것에서부터 시작한다 · 249
육문에서의 일어남을 주시한다 · 250
선정수행을 거치지 않은 통찰수행 · 252
근접집중으로 청정한 마음을 얻는다 · 253

들어가는 말

자명한 일이지만, 고통을 좋아하는 사람은 아무도 없습니다. 누구나 행복해지기를 바랍니다. 이 세상 사람들은 고통을 피하거나 줄여 보기 위해서 그리고 행복을 추구하기 위해서 온갖 노력을 다 기울이고 있습니다. 그러나 이 노력은 주로 물질적인 풍요와 육체적 안락을 추구하는 쪽으로 향하고 있습니다.

행복이란 무엇보다도 마음가짐에 달려 있습니다. 그런데 정신적인 발전을 진지하게 추구하는 사람은 많지 않고, 진심으로 마음수행을 하는 사람은 더더욱 드뭅니다.

지금까지 인류는 삶의 물질적 수준을 높이고, 교통과 통신 수단을 발달시키며, 질병이나 우환을 막기 위해서 엄청난 기술적 진보를 이룩해 왔습니다. 이런 사실만으로도 우리는 인류가 자신의 몸치장이나 의식주에 대하여 끊임없는 관심을 기울여 왔다는 것을 알 수 있습니다. 이러한 노력은 대체로 육체에 대한 배려와 살찌우기를 위한 것들입니다.

이런 노력들이 꼭 필요하다는 것은 사실입니다. 그러나 이런 인류의 노력과 성과에도 불구하고 노쇠, 질병, 우환, 혹은 경제적 어려움과 같은, 한마디로 표현하여 충족되지 않는 갈애와 욕망으로 인한 고통을 없애거나 줄이지는 못합니다.

이러한 괴로움은 물질적 수단으로 극복되는 성질의 것이 아닙니다. 오직 마음의 수행과 정신적 계발을 통해서만 극복할 수 있습니다.

그렇다면 마음을 수행하여 안정시키고 청정하게 하는 바른 길을 찾아야 한다는 것은 자명한 일입니다. 이 방법은 2,500여 년 전, 붓다의 가르침으로 잘 알려진『대념처경大念處經, Mahā Satipaṭṭhāna Sutta』에서 찾을 수 있습니다.

붓다는 다음과 같이 말씀하셨습니다.

"중생들을 청정하게 하고, 슬픔과 비탄을 극복하게 하며, 육체적 고통과 정신적 고통을 소멸하게 하고, 바른 길로 들어서게 하며,

열반을 실현할 수 있는 유일한 길이 곧 사념처 수행이다.”

사념처四念處 수행은 다음의 네 가지를 말합니다.

1) 몸을 알아차리는 수행
2) 느낌을 알아차리는 수행
3) 마음을 알아차리는 수행
4) 마음의 대상을 알아차리는 수행

이는 고통의 원인이 되는 청정하지 못한 마음을 씻어내는 것으로, 행복을 구하는 사람들이라면 반드시 거쳐야 하는 길입니다.

만약 누군가에게 슬픔과 비탄을 극복하기를 원하느냐 묻는다면 누구나 ‘그렇다’고 대답할 것입니다. 그렇다면 그는, 아니 모든 사람들은 사념처 수행을 해야 합니다.

만약 누군가에게 육체적인 고통과 정신적인 고통을 소멸시키기를 원하느냐고 묻는다면 주저 없이 ‘그렇다’고 대답할 것입니다. 그렇다면 그는, 아니 모든 사람들은 사념처 수행을 해야 합니다.

만약 누군가에게 올바른 길을 찾아 생로병사生老病死로부터 자유

롭고, 모든 고통으로부터 자유로운 상태인 열반에 들기를 원하느냐
고 묻는다면, 틀림없이 '그렇다'고 대답할 것입니다. 그렇다면 그는,
아니 모든 사람들은 사념처 수행을 해야 합니다.

그렇다면 사념처 수행은 어떻게 해야 하는가?

『대념처경』에서 붓다께서는 다음과 같이 말씀하셨습니다.

"몸을 알아차리고, 느낌을 알아차리고, 마음을 알아차리고, 마
음의 대상을 알아차리는 수행을 지속하라."

그러나 보통 범부에게는 훌륭한 스승의 가르침이 없다면, 이러
한 수행을 체계적인 방법으로 수행하여 집중과 통찰지혜를 계발,
향상시키는 일이 쉽지 않습니다.

나는 타똔의 민군 제따완 사야도의 지도하에 알아차림을 확립
하는 집중수행 훈련을 받았습니다. 그리고 1938년 이후부터는 책과
강연을 통해 수천 명의 수행자들에게 이 방법을 가르쳐 왔습니다.

나는 또한 일찍이 내게 가르침을 받은 사람들의 요청에 따라
위빠사나에 관한 두 권의 책을 냈습니다. 1944년에 책이 완성되어

지금까지 제7판이 나왔습니다. 제5장을 제외한 모든 내용은 빨리어 원전原典과 주석서註釋書, 복주覆註에 근거하여 기술하였습니다.

제5장은 그러나 수행자들이 잘 이해할 수 있도록 쉬운 언어를 골라 썼습니다. 처음 수행은 어떻게 시작하고, 단계별로는 어떻게 진행해 나가는가를 『청정도론淸淨道論, Visuddhimagga』과 기타 경전들에 의거하여 그 두드러진 특성을 언급하였습니다.

이 책은 앞서 언급한 제5장의 영문 번역판입니다. 미얀마어로 쓴 첫 부분의 14쪽은 1954년 수행 센터를 찾는 외국인을 위한 것으로, 오래된 제자인 우 뻬 틴이 번역하였습니다. 역시 미얀마어로 쓴 15쪽부터 51쪽은 냐나뽀니카 대장로의 요청으로 제자이자 후원자이기도 한 미야나웅 우 띤이 영어로 번역하였습니다.

잠깐 설명하자면, 이 수행 센터가 있는 사싸나 사원에는 97,127평 방미터의 면적에 수행 지도자, 수행자, 비구, 남녀 재가 신도가 머무를 수 있는 50여 채의 건물이 있습니다.

냐나뽀니카 대장로는 이 번역본을 책으로 출간하는 데 값진 제안을 해주었습니다. 우 뻬 틴이 번역한 것을 미국인 불교도인 매리 매컬럼이 교정을 해주었습니다. 그녀는 인도 주재 미얀마 사원

인 보드가야에서 아나가리카 무닌드라의 지도로 사념처 수행을
한 바 있습니다. 아나가리카 무닌드라는 한동안 우리와 함께 보냈습
니다. 그렇기 때문에 이 책은 앞서 말한 두 번역가와 다른 이들의
공동 작업으로 만들어진 것이며, 서론은 내가 쓰게 되었습니다.

미얀마어로 쓴 제5장은 앞서 언급한 바와 같이 쉬운 문장으로
썼습니다. 이 책에는 빨리어 없이 교리에 대한 용어가 나오는데, 이
단어들은 냐나뽀니카 장로가 빨리어를 영어로 번역해 놓은 나의 저서
『통찰지혜의 향상Progress of Insight』에 잘 설명되어 있습니다. 그의 저서
인 『붓다 수행의 핵심The Heart of Buddhist Meditation』도 이 주제와 관련하여
값진 정보와 많은 가르침을 주었습니다.

마지막으로 세 가지를 말하고 싶습니다.

첫 번째로, 이 책의 출판과 번역, 교정에 힘쓴 많은 분들에게
진심으로 감사하고 싶습니다.

두 번째로, 이 책을 읽는 독자들에게 이론적인 지식만을 습득하
지 말고, 그 지식을 체계적인 수행에 반드시 응용해 볼 것을 당부합
니다.

세 번째로, 이 책을 읽는 자들이 하루빨리 지혜를 얻어 『대념처경』 서문에서 붓다가 보증하신, 이익을 얻기를 진심으로 기원합니다.

1970년 10월 1일
사싸나 사원에서

제1장 기본 수행

1. 준비 단계

1) 계율을 지킨다

만약 여러분이 진심으로 이 생에서 알아차림을 계발하여 통찰 지혜를 얻고자 한다면 수행을 하는 동안 세속적인 생각과 행동을 포기해야 합니다. 이는 행동을 정화시키고 수행을 계발해 나가기 위한 필수적인 단계입니다. 또한 여러분은 재가 신도(또는 경우에 따라서는 승려)로서 지켜야 할 계율을 따라야 합니다. 계율은 통찰지혜를 얻는 데에 중요한 요소이기 때문입니다.

재가자들의 경우, 포살(布薩, uposatha)[1]이나 수행기간에는 여덟

---

1) 포살(布薩, uposatha)에 대한 여덟 가지 계율은, (1) 살생, (2) 절도, (3) 모든 종류의 성행위, (4) 눕기, (5) 음주, 향정신성 물질을 취하는 것, (6) 정오 이후에 딱딱한 음식 또는 음료를 섭취하는 것, (7) 가무, 음악, 구경거리를 베풀거나

가지 계율, 즉 8계를 지켜야 합니다. 또 하나 지켜야 할 계율로서, 청정함을 얻은 성자를 비난하거나 혹은 조롱과 적의가 섞인 말을 해서는 안 됩니다.2) 이미 그렇게 하였다면 그분에게 개인적으로 또는 스승을 통해 사죄하여야 합니다. 지금은 만날 수 없거나 이미 세상을 뜬 성자를 비난하였다면 이 사실을 수행 스승에게 고백하거나 스스로 성찰하도록 합니다.

붓다의 가르침을 지도하는 스승들은 오랜 전통에 따라 수행 기간이 되면 깨달은 자 붓다에게 스스로를 맡기라고 지도합니다. 왜냐하면

보는 것, 향수, 장신구 등을 가까이 하는 것, (8) 호화스러운 침대와 같은 것들을 절제하여 지키는 것을 말한다.

2) 성자(聖者, ariyāpuggala)는 청정한 상태에 이른 분들이다. 성자는 4단계로 구분한다.

첫째는, 수다원(須陀洹, sotāpanna)으로서, 입류자入流者 혹은 예류자豫流者라고 한다. 수다원은 욕망의 세계〔欲界〕에 얽매이게 하는 열 가지 족쇄 중에 첫 번째에 해당하는 3가지, 즉 유신견, 회의적 의심, 계율이나 금지조항에 집착하는 것에서 벗어난다.

둘째는, 사다함(斯多含, sakadāgāmi)으로서, 일래자一來者라고도 한다. 사다함은 네 번째 족쇄인 감각적 욕망과 악의가 약화된다.

셋째는, 아나함(阿那含, anāgāmi)으로서, 열반에 이르기 전까지 욕계에 다시 태어나지 않는 불환자不還者를 말하며, 앞서 말한 5가지 족쇄에서 벗어난다.

마지막으로, 아라한(阿羅漢, arahan)은 성스러운 도를 얻은 분으로서, 색계에 대한 욕망, 무색계에 대한 욕망, 아만, 들뜸, 어리석음 등 5가지 족쇄에서 벗어난다.

수행을 하는 동안에 해롭거나 무서운 장면이 마음속에 떠올라 깜짝 놀랄 수도 있기 때문입니다.

또한 스승의 가르침 하에 수행지도를 받는 것이 좋습니다. 왜냐하면 스승은 현재 수행이 어떻게 진행되고 있는지 솔직하게 이야기해 주고, 필요한 방향으로 이끌어 줄 수 있기 때문입니다.

이것이 깨달은 자 붓다에게 귀의하고 스승의 가르침을 따르는 데서 얻을 수 있는 이익입니다. 그중에서도 가장 큰 이익은 고통과 번민의 원인인 탐심과 진심과 어리석음으로부터 해방되는 것입니다. 이것은 또한 수행의 목표이기도 합니다. 집중적인 수행을 통해 지혜를 쌓으면 자유를 얻을 수 있습니다. 그러므로 끝까지 노력해 수행이 성공적으로 성취될 수 있도록 하십시오.

붓다와 성자들은 알아차림을 확립하는 이 수행법을 통해서 자유를 얻을 수 있었습니다. 여러분도 그분들이 했던 것과 동일한 수행법을 배울 수 있는 기회를 얻게 되었으니 기뻐하시기 바랍니다.

2) 네 가지 보호에 대한 숙고

또한 여러분은 수행을 시작하기에 앞서 '네 가지 보호'에 대해 잠간 생각할 필요가 있습니다. 이는 깨달은 자 붓다께서 우리에게 숙고할 필요가 있다고 제시한 것입니다. 이 과정에서 이런 것을 숙고하는 것은 심리적인 안정감을 갖는 데에 도움을 줄 것입니다. 여기서 '네 가지 보호에 대한 숙고'란 다음의 네 가지를 말합니다.

붓다에 대한 숙고〔佛隨念〕
자비에 대한 숙고〔慈愛觀〕
몸의 더러움에 대한 숙고〔不淨觀〕
죽음에 대한 숙고〔死隨念〕

첫째, 붓다에 대한 숙고
다음과 같은 방식으로 붓다의 아홉 가지 큰 특징을 진심으로 존경하며 그에 귀의합니다.

"진실로 붓다께서는 성스러운 분, 완전히 깨달은 분, 지혜와 행동이 완전한 분, 우리를 구원하시는 분, 일체지자이시며, 인류 최고의 지도자이시고, 천인과 인류의 스승이시며, 깨어 있는 고귀한 분입니다."

둘째, 자비에 대한 숙고
지각이 있는 모든 것들에게 자비를 베푸는 마음을 가지고, 이 자비심을 고양시켜 자신을 지각이 있는 모든 것들과 구별하지 않고 동등하게 생각합니다.

"증오와 질병, 슬픔으로부터 자유로워지기를……. 나와 마찬가지로 부모, 조상, 스승, 친척들, 무관심하였거나 사이가 좋지 않았던 모든 사람들이 증오와 질병, 슬픔으로부터 자유로워지기를……. 고통으로부터 벗어나기를 기원합니다."

셋째, 몸의 부정에 대한 숙고

육체의 고통을 숙고하여, 모든 사람들이 자신의 몸에 대해 가지고 있는 부질없는 집착을 줄이는 데 도움이 되도록 합니다. 위, 창자, 점액질, 고름, 피 등의 부정한 것들을 떠올리고, 이런 것들이 깨끗하지 못하다는 것을 숙고함으로써 몸에 대한 집착을 제거할 수 있을 것입니다.[3]

넷째, 죽음에 대한 숙고

여러분의 심리적 안정을 위한 네 번째 방법은, 죽음이라는 현상에 대해 숙고하는 것입니다. 붓다의 가르침에 의하면, 삶은 변덕스럽지만 죽음은 확실하며, 삶은 불확실하지만 죽음은 분명합니다. 삶의 종착은 죽음입니다. 태어남, 질병, 고통, 노쇠의 끝은 결국 죽음입니다. 이것이 삶의 과정입니다.

---

3) 몸에 대한 수행의 대상이 되는 신체의 32가지는 다음과 같다. 머리카락, 신체의 털, 손톱, 이빨, 피부, 살덩이, 근육, 뼈, 골수, 콩팥, 심장, 간, 횡격막, 비장, 폐, 장, 장간막, 위, 대변, 담즙, 점액질, 고름, 뼈, 땀, 진물, 눈물, 장액, 침, 콧물, 활액, 소변, 뇌 등이다.

자, 이제 수행을 시작하기로 합니다. 두 다리를 포개어 좌선 자세를 취합니다. 다리를 완전히 포개지 않는 것이 더 편안할 것입니다. 한쪽 다리가 다른 다리를 누르지 않도록 주의해서 평평하게 바닥에 앉습니다. 만약 그 자세로 앉는 것이 수행에 오히려 방해된다면, 다른 편안한 좌선 자세를 취합니다. 이제 앞서 말한 수행의 실제 과정으로 들어가기로 합니다.

2. 기본 수행법, 하나

1) 일어남, 꺼짐

여러분의 마음을 (눈이 아니라) 배에 둡니다. 배가 부풀어 올랐다가 꺼지는 움직임을 알 수 있을 것입니다. 처음에는 이 움직임이 분명하게 느껴지지 않을 수 있습니다. 그러면 두 손을 배에 대고 배의 일어나고 꺼지는 움직임을 느껴 보십시오.

잠간 동안의 숨을 들이쉬는 움직임이 있고, 다음으로는 숨을 내쉬는 움직임이 있습니다. 숨을 들이쉬는 움직임이 있을 때 마음속으로 '일어남'이라고 알아차리고, 숨을 내쉬는 움직임이 있을 때 '꺼짐'이라고 알아차립니다. 움직임이 있을 때마다 마음속으로 분명한 알아차림이 있도록 합니다.

이 훈련을 통해 배의 움직임이 어떻게 일어나는지 알게 될 것입니다. 배의 모양에 대해서는 신경 쓸 필요가 없습니다. 실제로 인지하는 것은 배가 상하로 움직이면서 느껴지는 몸의 압력입니다. 그렇기 때문에 배의 모양에는 마음을 두지 말고 수행을 진행하는 것이 좋습니다. 이 방법은 초보자의 경우, 주의력을 갖고 마음을 집중시켜 알아차리는 수행을 계발하는 데에 매우 효과적입니다.

수행이 계속되면 움직임이 더 분명해질 것입니다. 통찰 수행이 완전히 개발되면, 육근(六根, 눈, 귀, 코, 혀, 몸, 마음)에서 연속적으로 일어나는 정신적, 육체적 현상을 완전히 알게 됩니다.

여러분은 초보자이기 때문에 주의력과 집중력이 아직 약합니다. 그렇기 때문에 일어나고 꺼지는 연속적 움직임에 집중하는 것이 어려울 수도 있습니다. 이 어려움 때문에 '움직임에 마음을 어떻게 집중해야 하는지 잘 모르겠다'고 생각하기 쉽습니다. 그럴 때는 현재 배우는 과정에 있다는 것을 기억하십시오. 호흡의 일어나고 꺼지는 움직임은 항상 있는 것이기 때문에 애쓰지 않아도 찾을 수 있습니다.

실제로 초보자들도 이 간단한 두 움직임에 주의를 기울이는 것은 그리 어렵지 않습니다. 배의 일어남과 꺼짐을 지켜보는 수행을 계속하십시오.

말로만 '일어남, 꺼짐'을 되풀이해서는 안 되고, '일어남, 꺼짐'을 단어로서 생각해서도 안 됩니다. 오직 배에서 실제로 일어나고 꺼지는 움직임만을 알아차려야 합니다.

배의 움직임을 분명하게 만들기 위해 깊은 숨을 쉬거나 빠르게 호흡할 필요는 없습니다. 그렇게 하면 오히려 수행에 방해가 되고, 쉽게 지치게 됩니다. 일상의 호흡 과정에서 일어나고 꺼지는 움직임만을 완전히 알아차리도록 하십시오.

3. 기본 수행법, 둘

1) 정신적 현상에 대한 알아차림

배의 움직임을 지켜보는 수행을 하면서 일어남과 꺼짐을 알아차리다 보면, 그 과정에서 정신적 활동이 일어날 수 있습니다. 일어남, 꺼짐을 알아차리는 중간에 생각이나 의도, 아이디어, 상상과 같은 정신적 기능이 일어날 수 있습니다. 그러한 정신적 현상을 그냥 지나쳐서는 안 됩니다. 그것이 일어날 때마다 마음으로 알아차려야 합니다.

만약 여러분이 무언가 상상한다면 그것을 빨리 깨닫고 '상상함'

이라고 알아차려야 합니다.

만약 무언가 생각한다면 '생각함'이라고 알아차립니다.

만약 무언가 떠올린다면 '떠올림'이라고 알아차립니다.

만약 무언가를 하고자 한다면 '하려 함'이라고 알아차립니다.

만약 마음이 알아차림의 대상, 즉 배의 일어남, 꺼짐의 움직임으로부터 멀어져 돌아다니고 있다면 '돌아다님'이라고 알아차립니다.

만약 어느 장소로 가고 있는 것을 상상하고 있다면 '감'이라고 알아차립니다.

그 장소에 도착하는 것을 상상한다면 '도착함'이라고 알아차립니다.

만약 생각 속에서 누군가를 만난다면 '만남'이라고 알아차립니다.

그 사람에게 말을 건네는 상상을 한다면 '말함'이라고 알아차립니다.

만약 그 사람과 상상 속에서 논의한다면 '논의함'이라고 알아차립니다.

만약 빛이나 색깔을 떠올리거나 상상한다면 '봄'이라고 알아차립니다.

마음속의 영상은 일어날 때마다 그것이 사라질 때까지 알아차려야 합니다. 영상이 사라진 뒤에는 배의 일어남과 꺼짐의 움직임을 알아차리는 기본 수행법, 하나(일어남, 꺼짐)로 되돌아옵니다.

느슨해지지 않도록 주의 깊게 알아차림을 지속합니다.

만약 명상을 하는 동안 침을 삼키려 한다면 '의도함'이라고
알아차립니다.
침을 삼키는 동안에는 '침을 삼킴'이라고 알아차립니다.
침을 뱉으려 한다면 '뱉음'을 알아차립니다.
그다음에는 일어남, 꺼짐의 수행으로 되돌아옵니다.

만약 목을 구부리려 한다면 '의도함'이라고 알아차리고,
목을 구부릴 때는 '구부림'이라고 알아차리고,
목을 펼 때는 '폄'이라고 알아차립니다.
목을 구부리고 펴는 움직임은 서서히 진행되어야 합니다.

모든 동작들을 주의 깊게 알아차린 뒤, 배의 일어남과 꺼짐을
알아차리는 수행을 다시 주의 깊게 진행합니다.

4. 기본 수행법, 셋

1) 일상의 알아차림

앉거나 눕는 것과 같은 경우에는 같은 자세로 오랫동안 수행을

해야 하기 때문에 팔과 다리, 몸 등이 몹시 피곤하고 뻣뻣하다고 느껴질 수 있습니다. 이런 일이 일어나면 통증이 일어난 부위에 마음을 두고 '피곤함' 또는 '뻣뻣함'이라고 알아차리면 됩니다. 너무 빠르지도, 느리지도 않게 자연스럽게 알아차립니다. 그 느낌들은 서서히 희미해져서 결국에는 모두 사라질 것입니다. 만약 어떤 느낌이 점점 더 강해져서 피로함과 뻣뻣함을 더 이상 견딜 수 없는 상태가 되면 자세를 바꾸어도 됩니다.

그렇지만 빠뜨리지 말고 '의도함'이라고 알아차린 후 자세를 바꾸는 동작을 취해야 합니다. 동작의 세밀한 부분까지 하나하나 일어나는 순서대로 알아차려야 합니다.

만약 손발을 들어올리려면 '의도함'이라고 알아차려야 합니다.
손발을 들어올리는 동작에서는 '들어올림'이라고 알아차려야 합니다.
손이나 발을 뻗을 때는 '뻗음'이라고 알아차립니다.
굽힐 때는 '굽힘'이라고 알아차립니다.
내려놓을 때는 '놓음'이라고 알아차립니다.
손이나 발이 닿을 때는 '닿음'이라고 알아차립니다.
모든 동작은 침착하고 천천히 진행되어야 합니다.

새로운 자세로 바꾸고 나면 바로 배의 움직임을 알아차리는 일상의 수행으로 돌아옵니다. 새로 취한 자세가 다시 불편해질 경우에는 이미 언급한 방법으로 다른 자세를 취해서 수행을 시작합니다.

몸에 간지러운 부위가 있다면 그 부분에 마음을 모아서 '간지러움'을 알아차립니다. 너무 빠르거나 너무 느리지 않게 절제된 태도를 유지합니다.

주의 깊게 알아차리는 과정에서 간지러움이 사라지면 복부의 일어남 꺼짐을 알아차리는 일상의 수행으로 돌아옵니다.

만약 간지러움이 지속되거나 너무 강해서 긁으려 할 때는 '의도함'을 먼저 알아차리는 것을 잊으면 안 됩니다. 손을 서서히 들어올리면서 이와 동시에 '들어올림'이라고 알아차리고, 손이 간지러운 부분에 닿을 때 '닿음'이라고 알아차립니다. '긁음'이라고 온전하게 알아차리면서 서서히 긁습니다.

간지러운 느낌이 사라지고, 긁는 것을 멈추고자 할 때는 주의 깊게 '의도함'이라고 알아차립니다. 손을 천천히 제자리로 가져오는 경우, 이 행위와 동시에 '가져옴'이라고 알아차립니다. 손이 제자리에 되돌아와 다리에 닿으면 '닿음'이라고 알아차립니다. 그 뒤 다시 복부의 움직임을 지켜보면 됩니다.

만약 아픔이나 불편함이 느껴지면, 느낌이 일어난 몸의 부위에
마음을 고정합니다. '통증', '아픔', '눌림', '찌름', '피곤함', '어지러
움'과 같이 그 부위에서 일어난 감각에 대해 알아차림을 합니다.
알아차릴 때는 조용하고 자연스러운 태도를 유지하되, 억지로 해도
안 되고 뒤늦게 해서도 안 됩니다.

통증은 결국 사라지거나 혹은 더 강해집니다. 더 강해진다 하더라
도 놀라지 말고 수행을 계속하십시오. 그렇게 하면 통증은 대부분
사라지게 되어 있다는 것을 알게 될 것입니다. 그러나 시간이 지나도
통증이 더 심해져서 참을 수 없는 경우에는 통증을 무시하고 일어남과
꺼짐을 알아차리는 것을 지속하여야 합니다.

2) 수행이 잘 될 때

수행자가 알아차림을 계속 진행하면 숨이 막히거나 목이 졸리
는 느낌, 칼로 베이는 듯한 아픔, 뾰족한 것으로 찔리는 듯한 느낌,
날카로운 바늘로 쑤시는 것 같은 불쾌한 느낌, 혹은 작은 곤충이
몸을 기어 다니는 듯한, 강력한 고통의 느낌을 경험할 수도 있습니
다. 간지럽거나 물리는 느낌 또는 강한 추위를 느낄 수도 있습니다.

수행을 멈추면 동시에 이런 고통스러운 느낌들도 사라집니다.
다시 수행을 시작하여 알아차림의 상태에 들어가면 이러한 고통들

은 다시 시작됩니다. 이런 고통스러운 감각들을 심각하게 받아들여
서는 안 됩니다. 이런 감각들은 질병이 드러난 것이 아니라 몸에
늘 존재하는 일상적인 요인들로서, 평상시에는 마음이 더 강력한
대상에 머물러 있기 때문에 잘 느끼지 못하는 것들이었습니다.

정신적 능력이 예민해질수록 이런 감각을 더 잘 알 수 있게
됩니다. 꾸준히 수행을 계발하면 그런 느낌들을 극복하는 때가 되어
모두 사라지게 됩니다. 확실한 목표를 가지고 수행을 계속한다면
어떤 해로움도 있을 수 없습니다.

만약 용기를 잃고 수행을 계속할 것인지 망설이면서 한동안 멈추
기라도 한다면, 이러한 불쾌한 느낌이 수행을 할 때마다 계속 나타날
것입니다. 그러나 굳은 의지를 가지고 수행을 계속한다면 이러한
고통스러운 느낌들을 거의 다 극복하고 수행을 하는 동안 다시는
경험하지 않게 될 것입니다.

몸을 흔들고자 의도한다면 '의도함'이라고 분명히 알아차려야
합니다. 몸을 흔들 때는 '흔들림'이라고 알아차립니다. 수행을 하는
동안 때때로 몸이 앞뒤로 흔들리는 것을 발견할 수도 있습니다.
이때는 놀라지 말고, 그렇다고 이것을 좋아하거나 계속 흔들고자
하지도 말아야 합니다. 흔들리는 동작을 대상으로 알아차림을 지속
하면서 '흔들림'이라고 알아차리면 흔들림이 멈출 것입니다.

만약 알아차림에도 불구하고 흔들림이 심해진다면 벽이나 기둥에 기대거나 잠시 드러눕습니다. 그러고 나서 수행을 지속합니다. 만약 몸이 요동치거나 떨리는 것이 느껴지면 같은 과정을 되풀이합니다.

알아차림이 진행되면 때때로 전율이나 한기가 등이나 몸 전체를 관통하는 것이 느껴질 수 있습니다. 이는 강한 흥미, 열정 또는 환희의 감정이 일어난 현상입니다. 수행이 잘 진행되면 자연스럽게 발생합니다. 마음이 알아차림으로 집중되어 있을 때는 작은 소리에도 깜짝 놀랄 수 있습니다. 집중된 상태에서는 감각기관에서 일어나는 느낌을 보다 강하게 느끼기 때문입니다.

3) 물을 마실 때

수행 중에 목이 마르면 '목마름'이라고 알아차립니다. 일어서려 한다면 '의도'를 알아차립니다. 그다음은 일어서기 위해서 움직이는 동작을 알아차립니다.

일어서는 동작에 의식적으로 마음을 두고 '일어섬'이라고 알아차립니다.
똑바로 일어서서 앞을 볼 때는 '봄, 주시함'이라고 알아차립니다.
앞으로 걷고자 한다면 '걷고자 함'이라고 알아차립니다.

발을 내딛기 시작하면 '걸음, 걸음'이라고 알아차리고, 걸을 때마다 '왼발, 오른발'이라고 알아차립니다. 처음부터 마지막까지 각 발걸음의 모든 순간을 알아차리는 것이 중요합니다.

산책을 하거나 걷는 운동을 할 때도 같은 과정으로 합니다. '들어서, 놓음, 들어서, 놓음' 하면서 한 걸음을 두 단계로 알아차리는 것도 해봅니다. 이와 같은 연습이 충분히 되었으면 '들어서, 앞으로, 놓음' 또는 '위로, 앞으로, 아래로' 하면서 한 걸음을 세 단계로 알아차리는 것도 할 수 있습니다.

물을 마시기 위해 수도꼭지나 주전자나 물독을 볼 때도 '봄, 주시함'이라고 반드시 알아차립니다.

걷기를 멈출 때는 '멈춤',
손을 뻗을 때는 '뻗음',
손이 컵에 닿을 때는 '닿음',
손이 컵을 잡았을 때는 '잡음',
컵에 든 물에 손을 넣었을 때는 '넣음',
컵을 입술로 가져갈 때는 '가져감',
컵이 입술에 닿을 때는 '닿음',
차가움을 느낄 때는 '차가움',
삼킬 때는 '삼킴',

컵을 되돌려 놓을 때는 '되돌려 놓음',

손을 다시 거둘 때는 '거둠',

손을 내려놓을 때는 '내려놓음',

손이 옆구리에 닿을 때는 '닿음',

뒤돌아서려 할 때는 '의도함',

뒤로 돌 때는 '뒤로 돎',

앞으로 걸어 나갈 때는 '걸음',

멈추고자 한 장소에 도착해서 멈추려 할 때는 '의도함',

멈출 때는 '멈춤'이라고 알아차립니다.

만약 한동안 서 있는 채로 있게 된다면 일어남과 꺼짐의 수행을 지속합니다.

그러나 만약 앉으려고 의도한다면 '의도함'이라고 알아차립니다. 앉기 위해 걸어 나간다면 '걸음'이라고 알아차립니다. 앉기 위해서 한 장소에 도착한다면 '도착함'이라고 알아차립니다. 앉기 위해 몸을 돌린다면 '몸을 돌림'이라고 알아차립니다. 앉을 때는 '앉음'이라고 알아차립니다. 천천히 앉으면서 아래로 내려가는 몸의 움직임에 마음을 집중합니다. 손발을 제자리에 둘 때에도 그 동작을 모두 알아차려야 합니다.

그다음에는 배의 움직임을 알아차리는 수행을 다시 시작합니다.

4) 잠들기 전과 깨어났을 때

자리에 누우려 한다면 '의도함'을 알아차립니다. 그리고 '들어올림', '뻗음', '떠남', '닿음', '누움'과 같이 누우면서 하는 모든 과정의 동작을 알아차리며 진행합니다.

그다음에는 제자리에 눕기 위해서 진행되는 손, 발, 몸의 모든 동작을 알아차림의 대상으로 합니다. 모든 동작은 천천히 해야 합니다. 그러고 나서 일어남과 꺼짐의 알아차림으로 돌아옵니다.

통증, 피로함, 간지러움 등 다른 감각이 느껴질 때는 이 감각들을 분명히 알아차립니다. 모든 감각, 생각, 아이디어, 상념, 기억을 알아차리고, 손과 발, 팔 그리고 몸의 모든 움직임을 알아차립니다. 만약 특별히 알아차릴 것이 없을 때는 배의 일어남과 꺼짐으로 마음을 돌려 주시합니다. 졸음이 올 때는 졸음이 오는 것을 알아차리고, 자고 싶을 때는 자고 싶은 것을 알아차립니다.

알아차림을 해서 집중이 잘 되는 경우에는 졸리거나 자고 싶은 마음을 극복할 수 있고, 이로써 상쾌한 느낌이 들 것입니다. 그러면 다시 기본적인 대상에 대한 일상의 수행으로 돌아옵니다. 졸리는 것을 극복할 수 없을 것 같으면 잠들 때까지 수행을 계속해야 합니다.

잠들어 있는 상태는 잠재의식의 연속입니다. 다시 태어날 때 처음으로 일어나는 의식인 재생연결식再生連結識과 죽는 순간의 마지막 의식인 사몰심死沒心과는 비슷한 상태입니다. 의식의 상태가 미약하기 때문에 대상을 알아차리는 것이 불가능합니다. 깨어 있는 상태에서는 보고, 듣고, 맛보고, 냄새 맡고, 닿고, 생각하는 순간순간의 사이에 규칙적으로 잠재의식이 드러납니다.

잠재의식의 발현은 매우 짧은 시간에 일어나기 때문에 분명치 않아서 인식할 수가 없습니다. 잠든 상태에서는 잠재의식이 연속되고 있습니다. 그러나 깨어나면 상황이 분명해집니다. 깨어 있는 상태에서는 많은 생각과 복잡한 대상들이 뚜렷해지기 때문입니다.

잠에서 깨어나는 순간부터 수행은 시작되어야 합니다. 초보자에게는 깨어나자마자 첫 순간부터 수행을 시작하는 것이 어려울 수도 있습니다. 그렇지만 수행을 해야 한다고 생각하는 그 순간부터 바로 시작해야 합니다. 예를 들어, 무언가에 대해 숙고하고 있다면 그 사실을 알고 '숙고함'이라고 알아차림을 시작해야 합니다. 그 뒤에 일어남과 꺼짐의 수행을 진행합니다.

잠에서 깨어나면 몸의 활동에 대한 세세한 부분을 알아차려야 합니다. 손, 발, 엉덩이 등의 움직임 하나하나에 대한 알아차림이 있어야 합니다.

깨어났을 때 몇 시인가를 생각하는가? 그렇다면 '생각함'이라고 알아차립니다.

침대에서 일어나려고 하는가? 그렇다면 '일어나려 함'이라고 알아차립니다.

만약 일어나기 위해 몸을 일으킬 준비를 한다면 '준비함'이라고 알아차립니다.

서서히 일어날 때는 '일어남'이라고 알아차립니다.

앉은 자세에서는 '앉음'이라고 알아차립니다.

앉은 채로 얼마간 머무른다면 배의 일어남과 꺼짐을 알아차리기 시작합니다.

세수를 하거나 목욕을 할 때는 봄, 주시함, 뻗음, 집음, 닿음, 차가움을 느낌, 문지름과 같은 세세한 동작을 모두 알아차리면서 합니다.

옷을 입거나, 잠자리를 정리하거나, 문이나 창을 여닫거나, 물건을 집거나 하는 등의 행동을 할 때에도 세세한 동작을 주의 깊게 알아차리며 해야 합니다.

5) 식사를 할 때

먹을 때는 모든 세세한 동작을 알아차리며 해야 합니다.

음식을 볼 때는 '보임, 봄',

음식을 집을 때는 '집음',

음식을 입으로 가져올 때는 '가져옴',

목을 앞으로 굽힐 때는 '굽힘',

음식이 입에 닿을 때는 '닿음',

음식을 입 속에 넣을 때는 '넣음',

입을 다물 때는 '다물음',

손을 거둘 때는 '거둠',

손이 그릇에 닿을 때는 '닿음',

목을 똑바로 펼 때는 '폄',

씹을 때는 '씹음',

맛을 알 때는 '앎',

음식을 삼킬 때는 '삼킴',

삼키면서 음식이 식도에 닿는 것을 느낄 때는 '닿음'이라고
알아차립니다.

식사를 끝낼 때까지 음식을 입에 넣을 때마다 이와 같이 알아차
리도록 합니다. 처음에는 놓친 동작이 많을 것이지만, 유념하지
말고 다시 노력에 전념하십시오 어느 정도 수행이 진전하면 동작을
놓치는 것이 줄어들 것입니다. 수행의 단계가 높아지면 서술한 것보
다 더 세부적인 것까지 알아차릴 수 있을 것입니다.

6) 수행이 향상한 경우

휴지부

수행을 위해 하루 밤과 하루 낮을 노력하면, 수행이 눈에 띄게 좋아져서 배의 일어남과 꺼짐을 알아차리는 기본 수행을 오랫동안 지속할 수 있게 될 것입니다. 이때 여러분은 일어남과 꺼짐의 움직임 사이에 짧은 휴지부(休止符, 쉼)가 있음을 알게 될 것입니다. 만약 여러분이 좌선의 자세에서 앉아 있음을 알아차리는 중에 이러한 휴지부가 있다는 것을 인지한다면 '일어남, 꺼짐, 앉음'이라고 알아차리도록 합니다.

'앉음'을 알아차릴 때는 상반신의 꼿꼿한 자세에 마음을 둡니다. 만약 누워 있는 자세라면 '일어남, 꺼짐, 누움'이라고 알아차리면 됩니다. 만약 이것이 쉽다고 느껴진다면 이렇게 세 단계로 알아차리는 것을 지속합니다. 꺼짐의 동작이 끝난 뒤와 마찬가지로 일어남의 동작의 끝에서도 휴지부가 있음을 알았다면 '일어남, 앉음, 꺼짐, 앉음'과 같이 알아차립니다. 누워 있는 경우에는 '일어남, 누움, 꺼짐, 누움'으로 알아차리면 됩니다.

이처럼 배의 움직임을 세 단계 또는 네 단계로 알아차리는 것이 어려우면 '일어남, 꺼짐'의 두 단계 수행으로 되돌아옵니다.

일상적인 움직임

　몸의 움직임을 알아차리는 일상의 수행을 할 때는 보이거나 들리는 대상에 관심을 둘 필요가 없습니다. 배의 일어나고 꺼지는 움직임에 마음을 겨냥하여 알아차림을 지속할 수 있다면, 이것은 보이거나 들리는 행위와 대상, 모두에 대한 알아차림이 이루어지는 것으로 볼 수 있습니다. 그러나 의식적으로 (보이거나 들리는) 대상을 지켜볼 수도 있는데 그때는 그와 동시에 두세 번 '봄'이라고 알아차릴 수도 있습니다. 그다음에는 복부의 움직임으로 되돌아옵니다.

　만약 어떤 사람이 시야에 들어올 경우에는 두세 번 '봄'이라고 알아차리고 나서 복부의 일어남과 꺼짐으로 다시 주의를 되돌리면 됩니다.

　목소리가 들려왔는가?　그것을 들었는가?

　그렇다면 '들림, 들음'이라고 알아차린 뒤, '일어남, 꺼짐'으로 되돌아옵니다. 개가 짖는 소리 혹은 큰 목소리나 노랫소리를 들으면, 즉시 두세 번 정도 '들림'이라고 알아차린 뒤 일어남, 꺼짐의 기본 수행으로 돌아옵니다.

　만약 알아차리지 못한 채 분명한 시각적 대상이나 소리를 지나쳤다면, 무심코 그 대상에 대한 망상에 빠질 수 있습니다. 그때는 일어남, 꺼짐의 움직임이 분명하지 않고 희미하기 때문에 배의 일어남,

꺼짐을 알아차리지 못하게 됩니다.

주의력이 약해진 상태에서는 마음을 더럽히는 욕망이 생겨 커지게 됩니다. 만약 그것을 떠올리게 되면, '떠올림'이라고 두세 번 알아차린 뒤 일어남, 꺼짐의 수행으로 되돌아옵니다. 만약 몸, 팔 다리 등의 움직임에 대한 알아차림을 잊었다면 '잊음'이라고 알아차린 뒤 복부의 움직임에 대한 일상의 수행으로 되돌아옵니다.

때때로 호흡이 느려지거나 혹은 배의 일어남, 꺼짐의 움직임이 명확히 인지되지 않는 경우가 있습니다. 그럴 때 앉아 있는 경우에는 '앉음, 닿음'이라고 알아차리고, 누워 있는 경우에는 '누움, 닿음'이라고 알아차립니다. '닿음'이라고 알아차릴 때는 몸의 한 부분이 아니라 인지되는 각기 다른 여러 부분을 연속적으로 알아차려야 합니다. 적어도 여섯, 일곱 군데는 알아차려야 할 것입니다.[4]

5. 기본 수행법, 넷

지금까지 여러분은 꽤 많은 시간을 공을 들여 수행을 했습니다.

---

[4] 신체 부위로서 지켜보아야 할 대상은 다음과 같다. 허벅지와 무릎이 닿는 부분, 손이나 손가락 또는 엄지손가락이 포개어지는 부분, 눈꺼풀이 닿는 부분, 입 속의 혀, 입을 다물고 있을 때 입술의 닿음.

그러나 수행에 진전이 없고 잘 안 되는 것 같다고 생각되면 게을러질 수 있습니다. 그러나 절대로 포기하지 마십시오. 그냥 '게으름'이라고 알아차리십시오.

주의력과 집중력, 지혜가 충족되기까지는 이 수행법이 제대로 된 것인지 혹은 할 필요가 있는 것인지 의심할 수도 있습니다. 그럴 때는 '의심함'이라고 그 마음을 알아차립니다.

좋은 결과를 기대하거나 바라고 있는가? 그렇다면 그러한 생각을 알아차림의 대상으로 삼아 '기대함', '바람'이라고 알아차립니다.

지금까지 수행 과정이 어떻게 진행되어 왔는지 생각하려 하는가? 그러한가? 그렇다면 '생각하려 함'이라고 알아차립니다.

수행의 대상이 마음인지 물질인지 알아내려고 탐색하는 때가 있는가? 그렇다면 '탐색함'이라고 알아차립니다.

수행에 아무런 진전이 없어서 실망하고 있는가? 그렇다면 '실망'하는 마음을 알아차리도록 합니다.

반대로 수행이 잘 되어서 좋아하고 있는가? 그렇다면 '좋아하는' 마음을 알아차리도록 합니다.

이것이 정신적인 활동이 일어날 때마다 알아차림을 하는 방법입니다.

만약 끼어드는 생각이나 마음이 없다면, 배의 일어남과 꺼짐의 수행으로 되돌아와야 합니다.

수행을 제대로 하려면, 아침에 일어나는 순간부터 잠드는 순간까지 알아차림이 계속되어야 합니다.

되풀이 말하자면, 낮이나 밤이나 잠자는 시간을 제외하고는 기본과정인 알아차림 수행을 하고 있거나 혹은 주의 깊은 알아차림을 지속적으로 유지하여야 합니다. 긴장을 푸는 순간이 있어서는 안 됩니다. 수행이 어떤 단계에 이르면 수행의 시간이 길어져도 졸음이 오지 않습니다. 밤낮으로 수행을 지속하는 것이 가능합니다.

6. 요약

수행에 대한 개요를 짧게 설명하는 과정에서 유쾌하든 불쾌하든 어떤 느낌(육체적 혹은 정신적 감각)이 오더라도 알아차려야 한다는 것을 강조하였습니다. 말하자면 나쁘거나 좋은 모든 정신적 행위,

크고 작은 모든 육체적 행위를 알아차려야 합니다.

수행의 과정에서 특별히 알아차릴 대상이 없을 때는 배의 일어남과 꺼짐에 주의를 집중하여 알아차립니다. 걷는 행위를 알아차릴 때는 '걸음, 걸음' 또는 '왼발, 오른발'이라고 그냥 발걸음을 알아차리는 데에 주의를 기울입니다.

그러나 경행을 할 때는 '들어서', '앞으로', '놓음'의 세 단계로 발걸음을 알아차립니다.

밤낮으로 수행에 힘쓰는 수행자는 그리 오래지 않아 집중력이 키워져서 네 번째 지혜인 '생멸의 지혜(일어남과 사라짐을 구별하는 지혜)'에 도달할 수 있을 것입니다.[5] 나아가 더 높은 위빠사나 지혜인 '소멸의 지혜'에 도달할 수 있을 것입니다.

---

5) 이것은 초기의 생멸의 지혜[Tarunā udayabbaya ñāṇa]를 말한다. 통찰적 지혜의 단계에 대해서는 마하시 사야도의 『통찰지혜의 향상The Progress of Insight』(포레스트 허미티지 간, 칸디, 실론)을 참조

제2장 더 높은 단계의 수행

대상과 그것을 아는 마음

앞서 언급한 바와 같이 부지런히 수행을 한 공덕으로 알아차림과 집중이 강화되면, 수행자는 대상과 그것을 아는 마음이 짝을 지어 일어난다는 사실을 알게 됩니다. 즉, 일어남과 그것을 아는 마음, 꺼짐과 그것을 아는 마음, 앉음과 그것을 아는 마음, 굽힘과 그것을 아는 마음, 뻗음과 그것을 아는 마음, 들어올림과 그것을 아는 마음, 내려놓음과 그것을 아는 마음이 함께 일어난다는 것을 알게 됩니다. 집중된 주의력(알아차림)을 통해 육체적 현상과 정신적 현상이 어떻게 구별되는지 알게 됩니다.

"일어나는 움직임이 하나의 현상이며, 그것을 아는 마음은 다른 현상이다."

수행자는 아는 행위를 할 때마다 '대상을 향하는' 성품이 있다는 것을 깨닫게 됩니다. 이는 마음이 대상에 기울이거나 대상을 인지하는 기능적 특성을 가지고 있다는 사실을 깨닫는 것입니다. 물질적 대상을 좀 더 분명하게 알면 알수록 그것을 아는 정신적 대상도 분명해진다는 것을 알아야 합니다. 이 사실을 『청정도론淸淨道論』에서는 다음과 같이 서술하고 있습니다.

"수행자가 물질에 대해서 얼마나 명백하고 단순하며 확실하게 알아차리는가에 따라서 그 물질을 대상으로 하고 있는 비물질적 현상도 분명해진다."
　　　—"The Path of Purification", 비쿠 마나몰리 옮김

개아의 실체는 없다

수행자가 육체적 현상과 정신적 현상이 다르다는 것을 알게 되면, 보통 사람의 경우 스스로의 경험을 통하여 다음과 같이 숙고할 것입니다.

'일어남과 그것을 아는 마음이 있다. 꺼짐과 그것을 아는 마음이 있다. 그 외에 따로 존재하는 것은 아무것도 없다. 남자 또는 여자라는 용어에도 똑같은 현상만 있다. 인간 또는 영혼이라는 것도 없다.'

그러나 제대로 배운 수행자라면 대상으로서의 물질적 현상과 그것을 아는 마음인 정신적 현상이 다르다는 것을 직관적으로 알 것입니다. 그리고 다음과 같은 생각을 하게 될 것입니다.

'몸과 마음만이 존재한다는 것은 진실이다. 그것 말고는 남자 또는 여자라는 실체는 존재하지 않는다. 수행을 통해서 대상으로서의 물질적 현상과, 또 그것을 아는 정신적 현상이 있다는 것을 알아차리면, 우리가 흔히 말하는 존재, 인간, 영혼 또는 남자, 여자라는 용어에도 이 두 가지만 있다는 것을 알게 된다. 그러나 이 두 가지 현상을 떠나서는 인간이나 존재, 나 또는 타인, 남자 또는 여자와 같은 것은 없다.'

그리고 수행자는 '숙고함, 숙고함'이라고 알아차리고 배의 일어남과 꺼짐을 지속적으로 지켜보아야 합니다.[6]

의도와 대상이 분명해진다

수행이 진행되면 몸을 움직이기 전에 움직이고자 하는 의도가

---

6) 이 문단은 '견해의 청정Purification of View'에 해당하는 '정신과 물질을 구별하는 지혜〔nāma rūpa pariccheda ñāṇa〕'에 대해 설명하고 있다.

더 분명해집니다. 수행자는 움직이기 전에 먼저 그 의도를 알아차립니다. 수행을 처음 시작할 때는 '의도함, 의도함'(예컨대, 팔을 굽히는 의도 등)이라고 알아차리더라도 그 의식 상태를 분명하게 알 수 없습니다. 그런데 이제 수행이 좀 더 진행되면 팔을 굽히겠다는 의도를 분명하게 알아차리게 됩니다.

그래서 먼저 몸을 움직이려는 의도에 대한 의식 상태를 알아차리고, 그러고 나서 몸의 특정한 움직임을 알아차립니다. 처음에는 의도에 대한 알아차림을 놓치기 쉽기 때문에 육체의 움직임이 그것을 아는 마음보다 앞서서 일어난다고 생각합니다. 하지만 수행이 진전되면 마음이 앞서 움직인다는 것이 보입니다. 수행자는 굽히거나, 뻗거나, 앉거나, 서거나, 걷거나 할 때 그 의도를 잘 알아차릴 수 있습니다. 또한 실질적으로 굽히고 뻗을 때의 동작도 분명하게 알아차립니다. 의도가 먼저 일어나고, 몸의 동작이 이어진다는 것을 직접적으로 경험하게 됩니다.

수행자는 또한 '뜨거움, 뜨거움' 또는 '차가움, 차가움' 등을 알아차리는 동안 열기나 냉기가 더욱 강해지는 것도 직접 경험합니다. 배의 일어남과 꺼짐과 같은 규칙적이고 동시적인 몸의 동작을 알아차릴 때는 각각의 움직임을 하나씩 연속적으로 알아차리게 됩니다. 또한 간지러움, 통증, 뜨거움 등의 감각이 있는 부위에 주의를 집중하면, 그 느낌과 함께 붓다나 아라한의 상想이 떠오르기도 합니다.

하나의 느낌이 사라지기가 무섭게 다른 느낌이 일어나는데, 수행자는 그것을 모두 알아차리게 됩니다. 대상이 일어나는 매 순간 지켜보고 있으면, 대상이 없을 때는 '앎'이라고 하는 정신적 현상이 일어나지 않는다는 것을 알게 됩니다. 때로는 복부의 일어남과 꺼짐이 미약해서 알아차릴 것이 아무것도 없을 때도 있습니다. 그럴 때 수행자는 대상이 없이는 아는 마음이 일어날 수 없다는 사실을 깨닫게 됩니다.

일어남과 꺼짐을 알아차리기 어려울 때는 앉음과 닿음 또는 누움과 닿음을 알아차려야 합니다. 닿는 감각을 번갈아 가면서 알아차려야 합니다. 예컨대 '앉음'이라고 알아차린 다음 오른발(바닥이나 의자에 접하고 있는 부분)이 닿는 느낌을 알아차립니다. 그리고 '앉음'이라고 알아차린 다음, 왼발이 닿는 느낌을 알아차립니다.

이와 같은 방식으로 닿아 있는 신체의 일곱 내지 여덟 부분의 닿는 느낌을 알아차립니다.

또 보거나 듣는 것을 알아차릴 때도 수행자는 눈이 시각적 대상과 만남으로써 '보는 것'이 생긴다는 것을 알고, 귀와 소리가 만남으로써 '듣는 것'이 생긴다는 것을 알게 됩니다.

모든 느낌은 과거 행의 결과다

수행자는 '굽히거나 뻗는 등의 물질적 현상은 굽히려는 의도나 뻗으려는 의도 등의 정신적 현상에 뒤이어 일어난다'라고 숙고하게 됩니다.

더 나아가 수행자는 "몸은 열기 또는 냉기의 요소로 인해서 뜨겁거나 차가워진다. 몸은 음식과 영양분에 의존해서 존재한다. 의식은 대상이 있기 때문에 일어난다. 시각적 대상을 통해 '보는 것'이 일어난다. 소리를 통해 '듣는 것'이 생긴다. 또한 눈, 귀 등의 감각기관이 조건이 되어 의식이 일어난다. 의도와 알아차림은 앞선 경험의 결과로 인한 것이다. 이와 같이 물질적 현상과 정신적 현상은 과보의 힘에 의해서 태어나는 순간부터 시작된다는 의미에서 볼 때, 모든 종류의 느낌(감각)은 과거 행(行, kamma)의 결과다. 이 몸이나 마음을 창조한 주체는 어디에도 없으며, 모든 것은 원인과 결과로 인해 생겨난다"라고도 생각합니다.

대상이 일어났을 때 알아차리는 과정에서 수행자는 이와 같은 숙고를 하게 됩니다. 이런 숙고를 한다고 해서 알아차림을 멈추지는 않습니다. 일어난 대상을 알아차리는 동안 매우 빠르게 이러한 숙고가 일어나기 때문에 마치 자동적으로 일어난 것 같습니다.

이때도 수행자는 '숙고함, 숙고함, 인지함, 인지함'이라고 알아차리고, 대상에 대한 일상의 알아차림을 계속해야 합니다.

조건 지어져 일어난 현상

알아차림의 대상인 물질적 현상과 정신적 현상이 바로 전에 있었던 같은 성품의 현상에 의해 조건 지워져 일어난다는 사실을 숙고하고 나면, 수행자는 더 나아가 바로 전에 일어난 몸과 마음의 존재도 그보다 먼저 일어난 원인에 의해 조건 지워져 있으며, 그 뒤에 일어난 몸과 마음의 존재 또한 동일한 원인으로 인해 결과 지워진다는 것을 숙고하게 됩니다.

그리고 이러한 두 가지 현상을 벗어난 '실체'나 '인간'은 없고, 오직 원인과 결과만이 있다는 것을 숙고하게 됩니다.

이러한 숙고 역시 알아차려져야 하며, 다시 일상의 수행을 계속해야 합니다.[7] 이러한 숙고는 지성적 성향이 강한 사람에게 많이 나타나며, 그렇지 않은 사람에게는 적게 나타납니다. 어쨌든 이러한 숙고

---

7) 이 문단은 '의심에서 벗어나는 청정'에 속하는 '원인과 결과를 아는 지혜〔paccaya pariggaha ñāṇa〕'에 대해 서술하고 있다.

에 대해서도 알아차리도록 노력을 기울여야 합니다.

알아차림을 열심이 하면 이러한 숙고가 줄어들고, 통찰지혜를 갖추는 데에 방해가 되지 않을 것입니다. 물론 이러한 식의 숙고는 적을수록 좋습니다.

수행 중에 나타나는 현상들

강도를 높여 집중수행을 하다 보면, 수행자는 간지러움, 통증, 화끈거림, 뻐근함, 뻣뻣함 등 참을 수 없을 정도의 감각을 경험할 수 있습니다. 알아차림을 멈추면, 그러한 감각들은 사라집니다. 알아차림을 다시 시작하면, 다시 감각들이 나타납니다. 이러한 감각들은 몸에서 일어나는 자연적인 성품으로 질병이 아닙니다. 꾸준히 알아차려서 집중하면 이런 감각들은 점차로 사라집니다.

또한 수행자는 때때로 눈앞에서 일어나는 듯한 생생한 영상을 보기도 합니다. 예를 들어, 찬란한 빛 속에서 붓다가 오시는 장면, 하늘에서 승려가 행진하는 장면, 탑과 붓다의 이미지, 사랑하는 사람과의 만남, 나무나 숲, 언덕이나 산, 정원, 건물 또는 자신의 죽은 몸이나 해골, 퉁퉁 부어 부풀어 오른 몸, 피로 뒤덮인 육체, 찢겨져서

뼈만 남은 신체, 창자나 신체기관이나 정자, 지옥이나 천상의 존재 등을 봅니다.

이러한 영상들은 강한 집중으로 인해 예민해진 상상력의 산물일 뿐입니다. 마치 꿈속에서 보는 것과 유사한 것들입니다. 이러한 영상들을 좋아하거나 즐겨서도 안 되지만 두려워할 필요도 없습니다. 수행 과정에서 보이는 이러한 대상들은 실재가 아닙니다. 영상이나 이미지일 뿐인데도 그 대상들이 실재하는 것처럼 보입니다.

나타난 현상을 알아차리는 방법

그러나 실제로는 다섯 가지 감각기관과 연결되지 않은 순전히 정신적 현상이기 때문에 뚜렷하고 세세하게 알아차리기 어렵습니다. 그러므로 먼저 쉽게 알아차릴 수 있는 감각대상을 주 대상으로 해야 합니다. 그리고 이런 감각을 인지하여 일어나는 정신적 현상을 알아차려야 합니다.

그래서 어떤 대상이 떠오르든 수행자는 그것을 알아차리면서 대상이 사라질 때까지 '봄, 봄' 하고 마음으로 말하면 됩니다. 영상은 멀어지거나 흐려지거나 또는 산산이 흩어질 것입니다.

처음에는 다섯 번에서 열 번 정도 알아차림을 해야 할 것입니다. 하지만 지혜가 생기면, 두 번의 알아차림으로도 대상이 사라집니다.

그러나 수행자가 그러한 영상을 즐기거나, 실재하는 것처럼 자세히 보려 하거나, 또는 겁을 낸다면 영상은 오래도록 머물게 됩니다. 일부러 대상을 끄집어내려 한다면, 그것을 좋아하는 것이기 때문에 오래도록 사라지지 않을 것입니다.

그러므로 집중이 잘 될 때는 외부로부터 들어오는 대상을 생각하거나 혹은 그쪽으로 마음을 기울이지 않도록 주의해야 합니다. 만약 그런 생각이 들어오면, 즉시 알아차려서 물리쳐야 합니다. 외부적인 대상이나 감정을 경험하지 않는 사람의 경우에는 수행 과정에서 게으름을 피우게 됩니다. 그럴 때는 '게으름, 게으름'이라고 알아차려서 이를 극복해야 합니다.

이 단계에서 수행자는 외부적인 대상이나 느낌과 상관없이 모든 알아차림에서 처음, 중간, 마지막 단계를 분명히 알 수 있습니다.

수행 초기에는 하나의 대상을 알아차리고 뒤이어 나타난 다른 대상으로 넘어갈 때, 먼젓번 대상이 사라지는 과정을 분명히 보기가 어렵습니다. 그러나 이제는 하나의 대상이 사라지는 것을 인지한 뒤에 새로운 대상이 떠오르는 것을 알아차립니다. 그럼으로써 알아차릴 대상에 대한 처음, 중간, 마지막 단계에 대한 분명한 지혜를 갖게 됩니다.

주석서에서 말하는 무상, 고, 무아

이 단계에서 좀 더 수행에 정진하면, 수행자는 대상이 갑자기 나타났다가 즉시 사라지는 것을 다 알아차릴 수 있다는 사실을 인지하게 됩니다. 이런 것들이 매우 분명하기 때문에 수행자는 '모든 것에는 끝이 있다. 모든 것은 사라진다. 영원한 것은 없다. 참으로 무상하다'라고 숙고합니다.

이런 생각에 대하여 빨리어 경전 주석서에서는 다음과 같이 서술하고 있습니다.

"모든 것은 무너지기 때문에 무상하다. 과거에 존재했던 것은 더 이상 존재하지 않는다."

더 나아가 수행자는 '우리는 몰라서 삶을 즐긴다. 진실을 보면, 즐길 것은 아무것도 없다. 끊임없는 일어남과 사라짐만 있다. 이 때문에 인간은 고통 받아왔고 지금도 고통을 받고 있다. 참으로 두려운 일이다. 언제라도 사람은 죽을 수 있고, 모든 것은 사라지기 마련이다. 모든 것이 무상하다는 것은 참으로 두려운 일이다'라고도 숙고합니다.

이런 생각에 대해서도 역시 주석서에서는 다음과 같이 서술하고 있습니다.

"무상하다는 것은 괴로운 것이다. 두렵기 때문에 괴로운 것이다. 일어나고 사라지는 압박 때문에 괴로운 것이다."

또다시 수행자는 강한 고통을 경험하면서 '모든 것은 고통이다. 모든 것은 악이다'라는 생각을 합니다.

이런 생각에 대해서 주석서에서는 다음과 같이 설명합니다.

"수행자는 고통을 뾰족한 바늘과 같고, 끓는 물과 같고, 창과도 같이 여긴다."

수행자는 또 '삶은 피할 수 없는 고통스러움의 덩어리이다. 모든 것이 일어났다가 사라지므로 쓸모없는 것이다. 이 과정을 멈출 수 있는 자는 없으며, 이는 능력 밖의 일이다. 이는 자연스럽게 일어나는 과정이다'라고 숙고합니다.

이런 숙고는 주석서의 다음과 같은 문장과 일치합니다.

"고통스러운 것은 자아가 아니다. 스스로 조절할 수 없기 때문에 주체가 없다는 면에서 자아가 아니다."

수행자는 이렇게 숙고하는 것을 모두 알아차리면서 일상의 수행을 지속해야 합니다.

지나친 숙고에 빠지지 않는다

이와 같이 수행자는 대상을 알아차리는 직접적인 경험을 통해 모든 대상은 무상하며, 고통이며, 또한 자아가 없다는 것을 추론적으로 이해할 수 있게 됩니다.

직접 경험하지 않은 대상에 대해서도 이런 결론을 내릴 수 있습니다.

'저 대상들도 다 똑같은 요소를 가지고 있다. 항상 하지 않으며, 고통스러운 것이며, 자아가 없다.'

　이는 수행자가 직접 경험한 것을 통해서 추론해 낸 것입니다. 이렇게 추론적으로 이해한 것은, 지적 능력이 좀 떨어지거나 혹은 이러한 숙고에 대해 주의를 기울이지 않고 그냥 나타난 대상을 알아차리기만 해서 충분한 지혜를 갖추지 못한 사람의 경우에는 명확하지가 않습니다. 하지만 숙고를 하다 보면 종종 이렇게 추론적으로 이해합니다. 때로는 알아차림을 할 때마다 이런 일이 일어나기도 합니다.

　그러나 이러한 지나친 숙고는 통찰지혜를 얻는 데 방해가 됩니다.

　이 단계에서 그런 숙고를 하지 않더라도 보다 높은 단계에 이르면 더 많이 이해하고 분명해질 것입니다. 그러므로 숙고하는 것에 마음을 둘 필요는 없습니다. 그냥 대상을 알아차리는 데에만 마음을 써야 합니다. 그러다가 이 같은 숙고를 하게 되는 경우에는 이것 역시 잘 알아차려서 대상에 빠지지 않도록 해야 합니다.[8]

현상에 대한 알아차림이 빨라진다

　(무상, 고, 무아라는) 세 가지 성품을 알게 되면, 수행자는 더

---

8) 이 문단은 '현상을 바르게 아는 지혜〔sammasana ñāṇa〕'에 대해 설명하고 있다.

이상 사유에 빠지지 않고, 계속해서 나타나는 육체적 내지 정신적 대상에 대한 알아차림을 지속하게 됩니다. 그렇게 되면 어느 순간, 다섯 가지 정신적 요소인 믿음, 노력, 알아차림, 집중, 지혜가 적절히 균형을 이루면서 마치 단계가 올라가는 것처럼 알아차림이라는 정신적 현상에 박차를 가하게 되고, 몸과 마음에서 일어나는 여러 가지 현상에 대한 알아차림도 빨라집니다.

숨을 들이쉴 때 복부가 일어나는 연속적인 과정이 신속하게 느껴지고, 복부가 꺼지는 연속 과정 또한 빠르게 느껴집니다. 굽히거나 뻗는 과정에 있어서도 동작의 연속적 과정이 분명해집니다. 몸 전체에 퍼져 있는 작은 움직임도 느껴집니다. 어떤 경우에는 찌르는 듯한 느낌과 간지러운 느낌이 짧은 순간의 연속으로 느껴집니다.

대체로 이런 느낌들은 참기 어렵습니다. 수행자가 이 느낌들을 하나하나 명칭을 붙이면서 알아차리려 하면, 빠른 속도로 연속해서 일어나는 현상을 따라잡는 것이 불가능할 것입니다.

이럴 때는 평상시에 하던 대로, 그러나 알아차림은 유지하면서 이행되어야 합니다. 즉, 이 단계에서는 연속적으로 빠르게 일어나는 대상을 세세하게 알아차릴 필요가 없고 전체적으로 알아차리면 됩니다.

만약 대상에 이름을 붙이려면 전체적인 호칭으로 충분합니다. 일일이 그 대상을 세세하게 좇으려 한다면 곧 피로감을 느낄 것입니다. 중요한 점은 일어날 때마다 분명하게 알아차려서 이해하는 것입니다.

이 단계에서는 몇 가지 대상에만 집중하는 지금까지의 수행은 잠시 접어두고, 육문六門을 통해 일어나는 모든 대상에 주의를 집중해서 알아차려야 합니다. 이런 방식의 알아차림을 잘할 수 없을 때는 통상적인 수행으로 되돌아가면 됩니다.

대상을 낱낱이 알아차리다

몸과 마음에서 일어나는 여러 가지 현상은 눈 하나 깜박이는 것이나 번갯불보다도 더 빠릅니다. 그러나 이런 현상들이 일어날 때마다 계속해서 그냥 알아차리기만 하면, 수행자는 대상이 일어날 때마다 완전히 이해하게 됩니다.

그때에는 알아차림이 강해집니다. 그 결과 알아차림이 마치 일어난 대상을 향해 돌진하는 것과 같습니다. 대상 또한 알아차림에 편승한 것 같습니다. 수행자는 각각의 대상을 분명하게 그리고 따로따로

낱낱이 이해할 수 있습니다. 그리하여 수행자는 다음과 같은 확신을
갖게 됩니다.

'육체적, 정신적 과정은 참으로 빠르게 일어난다. 마치 기계나
엔진이 돌아가는 것처럼 빠르다. 그러나 나는 이 모든 현상을 알아차
리고 이해할 수 있다. 어쩌면 더 알 것이 없는 것 같다. 알아야 할
것은 이제 다 알았다.'

수행자는 직접적인 경험을 통해서, 예전에는 꿈도 꾸지 못했던
것을 알게 되었기 때문에 그와 같이 확신하게 됩니다.

밝은 빛이 보이기도 한다

또한 지혜가 생기면서 수행자는 밝은 빛을 보기도 합니다. 황홀한
느낌으로 소름이 돋아나기도 하고, 눈물을 흘리거나 사지를 떨기도
합니다. 또 미묘한 진동과 흥분을 느끼기도 합니다. 수행자는 그네를
탄 것처럼 느껴져서 혹시 현기증이 아닌가 의심하기도 합니다.

그다음에는 마음이 고요해지면서 가벼워지는 것을 느낍니다.
앉아 있거나, 누워 있거나, 걷거나 또는 서 있을 때 편안하게 느껴짐

니다. 마음과 정신의 기능이 모두 신속해져서 원하는 어떤 대상에도 집중할 수 있습니다. 또한 얼마든지 오랫동안 대상에 집중하는 것도 가능해집니다. 뻣뻣함, 열기, 통증과 같은 느낌도 없습니다.

지혜를 통해 대상을 쉽게 꿰뚫어볼 수 있습니다. 정신은 바르고 굳건해져서 불선업을 피하고자 합니다. 굳건한 신념으로 인해 마음은 매우 밝아집니다. 때로는 알아차릴 대상이 없어도 마음이 오랫동안 조용하게 유지됩니다.

그래서 수행자는 '참으로 붓다는 전지全知하시구나. 진실로 몸과 마음은 항상 하지 않고, 고통스러운 것이며, 나라는 것이 없구나' 라고 생각합니다.

대상을 알아차리면서 수행자는 이 세 가지 성품을 명확하게 이해하게 됩니다. 수행자는 다른 사람들에게도 이 수행을 권하고 싶어 합니다. 게으름과 무기력에서 벗어나 노력은 지나치지도 모자라지도 않습니다. 지혜와 더불어 마음의 평정 또한 생깁니다. 예전에는 경험해 보지 못한 행복을 느낍니다. 그래서 이 느낌과 경험을 다른 이들에게 알리고 싶어 합니다.

이 상황이 더 진행되면 밝은 빛, 알아차림, 집중과 황홀감 등을 느끼면서 지혜를 즐기는 고요한 상태에 대해 가벼운 집착이 생깁니다.

수행자는 이것이 '수행의 기쁨'이라고 믿게 됩니다.

반응하지 않고 사라짐을 지켜본다

수행자는 이런 상황에 반응해서는 안 됩니다. 매번 일어날 때마다 바로 이를 알아차려야 합니다. 만약 밝음이 있으면 그 밝음이 사라질 때까지 '밝음'이라고 알아차려야 합니다. 다른 경우에도 이와 같이 알아차려야 합니다.[9]

밝은 빛이 나타나면 처음에는 알아차리는 것을 잊어버리고 빛을 바라보는 것을 즐기려고 합니다. 수행자가 주의 깊게 빛을 알아차리는데도 희열과 행복이 뒤섞인 감정이 잘 사라지지 않을 수 있습니다. 그렇지만 점차로 그런 증상에 익숙해지면 대상이 사라질 때까지 분명한 알아차림을 지속하게 될 것입니다.

때로는 빛이 너무 밝기 때문에 주의 깊은 알아차림만으로는

---

9) 이러한 증상들을 '지혜의 10가지 번뇌〔十觀隨染〕'라 한다. 수행자가 이러한 현상에 집착하거나 자만할 수 있기 때문에 '더럽혀지는' 성품을 갖고 있다. 즉, 이러한 증상을 잘못 판단하여 수행의 결과를 과장하거나, 성자의 도를 얻었다고 생각할 수가 있다는 것이다. 이러한 '오염'은 '일어남과 사라짐에 대한 알아차림이 약한 단계'에서 일어난다.

쉽게 사라지지 않는 것을 알 수 있을 것입니다. 그렇다면 과감하게 그 대상에 대한 알아차림을 멈추고, 몸에서 일어나는 다른 대상으로 알아차림을 바꾸어야 합니다.

수행자는 아직도 빛이 있는가, 없는가 생각해서는 안 됩니다. 만약 그런 생각을 한다면, 다시 보게 될 것입니다. 만일 그런 생각이 떠오른다면, 단호하게 바로 그 생각을 알아차려서 사라지게 해야 합니다.

집중이 강한 경우에는 밝은 빛뿐 아니라 여러 가지의 특수한 다른 대상들이 떠오르는데, 그중 한두 가지 대상에 마음을 기울이면 그것을 지속할 수도 있습니다. 이렇게 마음이 기울어질 경우, 수행자 는 곧 그 마음을 알아차려야 합니다.

어떤 경우에는 특별히 대상에 마음을 기울이지 않았는데도 마 치 기차나 철도의 객실이 지나가는 것처럼 대상이 희미하게 차례로 나타나기도 합니다. 그럴 때 수행자는 시각적 영상이 사라질 때까지 그 영상을 '봄, 봄' 하고 단순하게 알아차려야 합니다.

수행자의 통찰지혜가 약할 경우에는 그 대상이 좀 더 분명할 수도 있습니다. 그때는 차례로 떠오르는 대상이 모두 사라질 때까지 하나하나 다 알아차려야 합니다.

긴장을 풀어서는 안 된다

밝은 빛이 나타나는 현상에 마음을 두고 좋아하고 집착하는 것은 잘못된 자세라는 것을 인지해야 합니다. 이러한 대상들을 주의 깊게 알아차려서 그것들이 사라질 때까지 초연하게 지켜보는 것이 통찰지혜의 길과 부합하는 올바른 태도입니다.[10]

수행자가 몸과 마음을 주의 깊게 알아차리는 것을 계속하면 현저하게 통찰지혜가 성숙해집니다. 육체적 현상과 정신적 현상을 통하여 더 분명하게 일어남과 사라짐을 인지할 수 있습니다.

모든 대상은 일어나고, 바로 그곳에서 사라진다는 것을 알게 됩니다. 먼저 일어난 대상과 뒤이어 일어난 대상이 다르다는 사실도 알게 됩니다. 그리하여 매번 알아차릴 때마다 무상無常, 고苦, 무아無我를 깨닫게 됩니다.

어느 정도 수행을 하고 나면, 수행자는 다음과 같은 확신을 갖게 됩니다.

'이것은 내가 얻을 수 있는 가장 고귀한 것이다. 더 이상 좋은

---

10) 이를 '도비도지견청정道非道智見淸淨'이라고 한다.

것은 있을 수 없다.'

이렇게 향상한 것에 만족하고 잠시 쉬면서 긴장을 풀고자 할지도 모릅니다. 그러나 이 단계에서 수행자는 긴장을 풀지 말고 육체적, 정신적 현상에 대한 알아차림을 더 오래 할 수 있도록 수행을 해야 합니다.[11]

대상은 빠르게 소멸한다

수행이 향상하고 지혜가 성숙해지면, 수행자에게는 더 이상 대상의 '일어남'이 분명하지 않습니다. 오직 '소멸'만을 알아차립니다. 대상은 빠르게 소멸합니다. 그래서 알아차림도 그만큼 빨라집니다. 예를 들어, 배의 일어남을 알아차리면 그 움직임이 즉시 소멸합니다. 이와 함께 그 움직임을 알아차리는 정신적 현상도 소멸합니다. 그러므로 수행자는 일어남과 알아차림이 연속해서 곧바로 사라지는 것을 분명하게 알게 됩니다.

배의 꺼짐의 경우에도 이와 같으며 앉아 있거나, 구부리거나, 팔다리를 뻗거나, 사지가 뻣뻣하거나 할 경우도 이와 같습니다.

---

11) 이를 '일어남과 사라짐에 대한 마지막 지혜'라고 한다.

대상에 대한 알아차림과 대상의 소멸에 대한 알아차림이 연속적으로 빠르게 일어납니다.

어떤 수행자는 '대상에 대한 알아차림'과 '대상의 소멸' 그리고 이 소멸을 아는 '의식의 소멸' 등 세 단계가 매우 빠르고 확연하게 연속되는 것을 인지하기도 합니다. 그러나 대상의 소멸과 그것을 아는 의식의 소멸이라는 두 단계의 알아차림만으로도 충분합니다.

실재하는 것이 드러나면 명칭은 사라진다

수행자가 이 두 단계를 지속적으로 분명하게 알아차릴 수 있게 되면 머리, 손, 발과 같이 외형적인 특성은 더 이상 분명하지 않게 됩니다. 수행자에게는 모든 것이 중지되고 소멸하는 것으로만 보입니다. 이 단계에서는 자신의 수행이 아직 모자란다고 느끼기 쉽습니다. 그러나 실제로는 그런 것이 아닙니다.

마음이란 원래 특정한 모양이나 형태를 보고 거기에 머물고자 하는 습성이 있습니다. 그런 것들이 없기 때문에 마음은 그것을 채우고 싶어 하는 것입니다. 사실 이것은 지혜가 향상되었다는 증거입니다.

처음에는 먼저 모양만을 분명하게 알아차릴 수 있었으나 지금은 모양이 소멸하는 것을 먼저 볼 수 있게 됩니다. 다시 생각해 볼 때만 모양이 다시 나타나 보입니다. 그러나 알아차림이 없을 때는 소멸한 대상이 다시 나타나 남아 있는 것처럼 보입니다. 이렇게 수행자는 직접적인 경험을 통하여 붓다의 말씀이 사실이라는 것을 알게 됩니다.

"이름이나 명칭이 일어나면, 실재하는 것은 숨겨진다. 실재하는 것이 드러나면, 이름이나 명칭은 사라진다."

수행자가 대상을 분명하게 알아차리게 되면, 알아차림이 충분치 않다고 생각합니다. 실제로는 통찰이 매우 빠르고 분명하기 때문에, 알아차림 사이에 일어나는 짧은 순간의 잠재의식bhavaṅga까지도 알게 되는 것입니다.

예컨대 그가 팔을 구부리거나 뻗는 등 무엇인가를 하려는 의도가 있을 때, 그 의도가 사라지려는 것을 빠르게 알아차리면 결과적으로 한동안 구부리거나 뻗지 못하게 됩니다. 그럴 경우에는 육근六根 중 하나에서 일어나는 현상을 알아차리는 쪽으로 주의를 돌려 주시해야 합니다.

수행에 탄력이 붙는다

수행자가 평소대로 배의 일어남과 꺼짐을 알아차리는 것으로 시작하다가 몸 전체로 알아차림을 확대시키면 얼마 지나지 않아 '수행의 계기momentum'가 오게 되는데, 그때는 닿고 알고, 보고 알고, 듣고 알고 하면서 일어나는 대로 차례로 알아차리게 됩니다.

이렇게 하는 동안 지치거나 피곤하게 느껴지면, 다시 배의 일어남, 꺼짐의 알아차림으로 돌아가야 합니다. 얼마 후 다시 기회가 오면, 몸 전체에서 일어나는 어느 대상이라도 알아차려야 합니다.

그와 같이 알아차림을 확대하여 수행을 할 수 있을 때는 수행자가 애써서 대상을 알아차리려고 하지 않아도 들리던 소리가 사라지고, 보이는 것이 조각조각 소멸되어 그것들이 지속되는 것이 아니라는 것을 알게 됩니다. 이것이 있는 그대로 사물을 보는 방법입니다.

어떤 수행자들은 대상의 소멸이 너무 빠르기 때문에 시력이 나빠지고 현기증이 일어난 것처럼 느껴져서 일어나는 사실을 분명하게 보지 못하기도 합니다. 그러나 사실은 그렇지 않습니다. 이 경우는 단지 알아차림을 지속하는 힘이 약해서 차례로 일어나는 대상을 보지 못하는 것일 뿐입니다. 그 결과로 인해 형태나 모양이 보이지 않는 것입니다.

그럴 때는 긴장을 풀고 수행을 멈추어야 합니다. 그러나 육체적 현상과 정신적 현상은 계속 나타나고, 의식도 저절로 알아차림을 계속하게 됩니다. 수행자는 잠을 자야겠다고 생각하지만, 잠도 오지 않습니다. 정신을 차린 채 깨어 있는 상태가 지속됩니다. 그렇다고 수면 부족에 대한 걱정을 할 필요는 없습니다. 이 상태에서는 기분이 나빠지거나 병에 걸리지 않기 때문입니다. 좀 더 힘을 모아서 알아차림을 지속하면, 수행자는 그의 마음이 대상을 분명하고도 완전하게 인지하고 있다는 것을 알 수 있습니다.

소멸도 알아차릴 대상이다

대상의 소멸과 그것을 아는 마음을 지속적으로 알아차리고 있을 때, 수행자는 '눈을 깜박이거나 번개가 치는 정도의 짧은 순간이라도 지속되는 것은 없다. 예전에는 알 수 없었던 사실이다. 과거에도 소멸과 사라짐만 있었고, 마찬가지로 미래에도 소멸과 사라짐만이 있을 것이다'라고 숙고합니다.

이와 같이 숙고하면서, 수행자는 수행의 과정에서 두려움을 갖게 됩니다.[12] 그리고 이런 숙고도 합니다.

'사람은 진리를 몰라서 삶을 즐긴다. 끊임없이 소멸하고 있다는 진실을 알고 있는 자에게는 매우 두려운 일이다. 소멸하는 매 순간이 죽음의 순간일 수 있다. 삶을 시작한다는 것 자체가 두려운 일이다. 이 또한 끊임없는 시작의 반복이다. 실재하는 형태와 모양은 없는데 그것이 진짜라고 믿는 것은 두려운 일이다. 건강과 행복을 유지하기 위해서 현상이 변하는 것을 막으려는 것 또한 두려운 일이다. 다시 태어나는 것은 두려운 것이다. 대상은 항상 소멸하고 사라지는 것의 연속이기 때문이다. 늙고, 죽고, 슬픔을 겪고, 애도하고, 고통스러워하고, 비탄하고, 절망하는 것은 참으로 두려운 일이다.'

이와 같은 숙고도 알아차려야 합니다. 그래서 사라지게 해야 합니다. 그리하면 수행자는 의지할 것은 아무것도 없으며, 몸과 마음이 모두 약해진 것처럼 느껴집니다. 수행자는 낙담합니다. 더 이상 활기차고 밝은 마음이 아닙니다. 그러나 절망에 빠져서는 안 됩니다. 이러한 상태는 지혜가 생기는 과정에서 나타나는 것입니다. 이는 단지 두려움을 알았기 때문에 불행하다고 느끼는 것일 뿐입니다.

수행자는 이렇게 숙고하는 것을 알아차려야 합니다. 그리고 계속

---

12) 소멸의 지혜〔bhanga ñāṇa〕.

해서 일어나는 대상을 하나씩 알아차리면 불행한 느낌은 곧 사라질 것입니다. 그렇지만 한동안 알아차리지 못한다면, 절망이 점점 더 커져 두려움으로 걷잡을 수 없게 될 수 있습니다. 이러한 종류의 두려움은 지혜로운 것이 아닙니다. 그러므로 이런 바람직하지 못한 두려움이 생기지 않도록 주의를 기울여 열심히 알아차림을 지속해야 합니다.[13]

고난의 지혜

또한 대상에 대한 알아차림을 하고 있는 과정에서 수행자는 다음과 같은 면에서 자신이 잘못 알고 있었음을 발견하게 될 것입니다.

'이 몸과 마음의 현상은 무상하므로 불만족스러운 것이다. 태어남은 좋은 것이 아니다. 삶을 지속하는 것 또한 좋은 일이 아니다. 실제로는 있지도 않으면서 외관상으로는 대상의 형태와 모양이 분명히 있는 것처럼 보는 것은 실망스러운 일이다. 자신의 건강과 행복을 위해 노력하는 것은 부질없는 일이다. 태어난다는 것은 좋은 일이 아니다. 늙어가는 것, 죽음, 비탄, 고통, 슬픔과 절망은 무섭다.'

---

13) 두려움에 대한 지혜〔bhaya ñāṇa〕.

이러한 성품에 대해 숙고하는 것 역시 알아차려야 합니다.[14]

혐오감에 대한 지혜

그때 수행자는 대상으로서의 몸과 마음, 그리고 그것을 알아차리고 있는 의식이 매우 조잡하고, 천박하며, 무의미하다고 느낄 수 있습니다. 알아차림을 통하여 그것들에 대한 생멸을 보게 되면서 싫은 마음이 생기는 것입니다. 스스로의 몸이 썩고 분해되는 것을 볼 수도 있습니다. 그것이 매우 덧없다고 생각합니다.

이 단계에서 수행자는 자신의 몸과 마음에서 일어나는 모든 것을 알아차리면서 혐오하게 됩니다. 알아차림을 분명히 지속함으로써 그것들의 소멸을 분명히 인지할 수 있는데도 불구하고, 그는 더 이상 깨어 있지도 밝지도 않습니다. 그의 수행은 혐오로 가득 차 있습니다. 그러므로 수행에 대해서도 게을러집니다. 그럼에도 불구하고 수행을 그만둘 수는 없습니다.

예를 들어, 진흙투성이의 더러운 길을 걸어야 할 경우, 발걸음을 내딛을 때마다 혐오스러운 느낌이 들면서도 나가는 것을 멈출 수

---

14) 고난의 지혜〔ādīnava ñāṇa〕.

없는 것과도 같습니다. 그는 나아갈 수밖에 없습니다.

이때 수행자는 인간의 실체를 해체되는 과정에 속하는 존재로
보기 때문에 남성으로든, 여성으로든, 왕으로든, 부자로든, 다시
인간으로서 태어나는 것을 기쁘게 생각하지 않습니다. 그는 천인에
대해서도 같은 느낌을 갖습니다.[15]

해탈을 원하는 지혜

알아차림을 통해서 모든 형상이 혐오스럽다는 것을 아는 지혜
를 얻게 됨으로써 이러한 형상을 버리거나 또는 이로부터 벗어나고
자 하는 욕구가 일어나게 됩니다.[16] 보고, 듣고, 만지고, 숙고하고,
일어서고, 앉고, 굽히고, 뻗고, 알아차리는 것, 이 모든 것을 제거하
고 싶어 합니다. 수행자는 이러한 욕망을 알아차려야 합니다.

수행자는 이제 육체적, 정신적 현상으로부터 해방되기를 갈망
합니다. 그래서 '내가 그것들을 알아차릴 때마다 좋지 않은 것들이
되풀이될 뿐이다. 이것들을 알아차리는 것도 멈추는 것이 좋을 것

---

15) 혐오감에 대한 지혜〔nibbida ñāṇa〕.

16) 해탈을 원하는 지혜〔muñcitukamyata ñāṇa〕.

같다'라고 숙고합니다.

이렇게 숙고하는 것도 알아차려야 합니다.

어떤 수행자들은 그런 생각을 하면서 실제로 현상(行, 업의 형성, 의도, saṅkhāra)[17]에 대한 알아차림을 중지하기도 합니다.

그렇더라도 현상의 일어남은 멈추지 않습니다. 일어나고, 사라지고, 굽히고, 뻗고, 의도하는 것들이 지속됩니다. 그것들은 그대로 지속됩니다.

두드러지게 나타나는 여러 가지 현상에 대한 알아차림도 계속됩니다. 그리고 다음과 같이 숙고하면서 수행자는 기쁨을 느낍니다.

'몸과 마음을 알아차리는 것을 멈추더라고 현상은 여전히 일어난다. 그것들은 일어난다. 그리고 그것을 아는 마음 또한 거기에 있다. 따라서 그것들에 대한 알아차림을 멈춘다고 해서 그것들로부터 해방될 수는 없다. 그런 방법으로 해서 버려지는 것이 아니다. 지금까지 하던 대로 그것을 알아차리면, 삶의 세 가지 특성을 완전히 이해할 수 있을 것이다. 그러면 특별히 그것에 주의를 기울이지 않고도 평정

---

17) 이 경우의 '현상'은 결과로서 나타난 것이 아니라, 일어나는 혹은 일어나려는 현상, 즉 업의 형성력, 의도의 의미를 가지고 있다.

심을 얻을 수 있을 것이다. 이러한 현상들의 마지막인 열반을 이룰
수 있을 것이다. 평온함과 지복至福이 올 것이다.'

이렇게 환희심을 갖고 숙고하면서 수행자는 현상에 대한 알아
차림을 지속합니다. 이러한 숙고가 안 되는 수행자들의 경우에는
스승의 설명을 충분히 듣고 난 뒤에 수행을 계속합니다.

다시 살펴보는 지혜

수행을 계속하면 곧 탄력이 붙어 계기가 오게 되고, 이때는 경우
에 따라 다양한 종류의 괴로운 느낌이 일어납니다. 이것 때문에 절망
할 필요는 없습니다. 이는 단지 큰 고통이 올 때 나타나는 특정한
징후에 불과하며, 이것을 주석서에서는 이렇게 설명하고 있습니다.

"이는 오온을 질병이나 부스럼 혹은 화살이나 재앙, 엄청난 불행
이 온 것과 마찬가지의 괴로움으로 보는 것이다."

만약에 이러한 괴로운 느낌이 나타나지 않을 경우에는 무상,
고, 무아가 가지고 있는 40가지 특성 중 한 가지가 알아차릴 때마다
두드러지게 나타날 것입니다.[18]

수행자는 잘 알아차리고 있는데도 불구하고, 스스로는 잘 안 된다고 느낍니다. 그는 알아차리는 마음과 알아차릴 대상이 충분히 밀착되어 있지 않다고 생각합니다. 이는 수행자가 3법인三法印의 성품을 이해하고자 하는 욕망이 지나치기 때문입니다.

수행에 만족하지 못한 수행자는 자세를 자주 바꿉니다. 좌선을 할 때는 경행을 하는 것이 낫다고 생각합니다. 경행을 하면서는 다시 좌선을 하기 원합니다. 좌선을 하기 위하여 앉은 뒤에도 다리의 자세를 바꿉니다. 다른 자리로 가려고 하고, 누우려고 합니다. 이렇게 자세를 바꾸어도 하나의 자세를 오래 지속하지 못합니다. 다시금 초조해집니다.

그러나 포기해서는 안 됩니다. 이러한 것들은 현상에 대한 진정한 성품을 이해하게 되었기 때문에 일어나는 것이며, 또한 아직 '현상에 대해 평등의 지혜'를 얻지 못한 상태이기 때문입니다. 수행은 잘하고 있는데 그렇게 느끼지 못하는 것입니다.

그는 같은 자세를 유지하고자 노력해야 하며, 그러다 보면 그 자세가 편안하다는 것을 알게 될 것입니다. 현상들에 대한 알아차림을 지속하기 위해서 부단히 노력하면, 마음은 점차로 고요해지고

---

18) 무상無常에는 10가지, 고苦에는 25가지, 무아無我에는 5가지의 특성이 있다.

밝아질 것입니다. 결국 초조한 느낌은 완전히 사라질 것입니다.[19]

애쓰지 않아도 알아차림이 지속된다

'현상에 대해 평등의 지혜'가 성숙해지면 마음은 매우 분명해지고 현상을 명쾌하게 알아차릴 수 있게 됩니다. 마치 아무런 노력이 필요 없는 것처럼 알아차림은 자연스럽게 지속됩니다. 미세한 현상도 노력을 기울이지 않고 알아차릴 수 있습니다. 아무런 생각을 하지 않아도 무상, 고, 무아의 자연적인 성품이 명확히 드러납니다. 몸의 어느 특정 부위에서 감각이 일어날 때마다 그곳에 주의를 기울이지만, 닿는 느낌은 마치 순면과 같이 부드럽습니다.

때로는 몸 전체에서 알아차려야 할 대상이 많아지기 때문에 알아차림이 가속될 필요가 있습니다. 몸과 마음이 위로 끌어올려지는 것처럼 느껴집니다. 알아차릴 대상이 적어지면 쉽고 고요하게 알아차릴 수 있습니다.

때로는 물질적 현상이 모두 사라지고 정신적 현상만 남습니다. 그러면 수행자는 마치 작은 물방울의 샤워를 즐기는 것처럼, 마음속

---

19) 다시 살펴보는 지혜[paṭisaṅkhā ñāṇa]에 대하여 이야기하는 것이다.

으로부터 환희를 경험할 것입니다. 수행자는 또한 고요함으로 가득 찹니다. 마치 깨끗한 하늘과도 같은 밝음을 볼 수도 있습니다. 그러나 이러한 확실한 경험에도 불구하고 별로 영향을 받지 않습니다.

수행자는 기쁨에 들뜨지 않습니다. 그러나 아직은 그것들을 즐기고 있습니다. 이렇게 즐기는 것을 알아차려야 합니다. 또한 환희, 고요함, 밝은 빛을 알아차려야 합니다. 알아차렸는데도 그것들이 사라지지 않으면, 그것에 주의를 기울이지 말고, 일어나는 다른 대상을 알아차려야 합니다.

이 단계에서 수행자는 나, 나의 것, 그, 그의 것은 존재하지 않고, 오직 현상이 일어난 것일 뿐이며, 그 현상을 그냥 현상으로 아는 것으로 그칩니다. 또한 대상들을 하나하나 알아차리는 데에서 기쁨을 찾습니다. 대상을 하나하나 알아차리는 것을 놓치지 않습니다. 오랜 시간 대상을 알아차려도 지치지 않습니다.

고통스러운 느낌으로부터도 벗어납니다. 따라서 어떤 자세를 취하든 오랫동안 지속할 수 있습니다. 앉든 눕든 상관없이 아무런 불편을 느끼지 않고, 또 지치지도 않으며, 두세 시간 수행을 지속할 수 있습니다. 잠시만 수행하려고 했는데 두세 시간 수행을 할 수도 있습니다. 그렇게 시간이 지나도 자세는 처음과 같이 확고합니다.

어떤 경우에도 알아차림을 놓치지 않는다

때때로 현상이 매우 빠르게 일어나는데 수행자는 그것을 제때 알아차립니다. 그러면 수행자는 무엇이 또 일어날지 조마조마하게 됩니다. 그러한 조바심을 알아차려야 합니다. 자신이 잘하고 있다고 느낍니다. 그 느낌도 알아차려야 합니다. 통찰력이 좋아지기를 기대합니다. 기대하는 마음도 알아차려야 합니다. 무엇이 일어나든 변함없이 알아차려야 합니다. 특별히 노력하려는 마음을 내어서도 안 되고, 긴장을 풀어도 안 됩니다.

어떤 경우에는 조바심, 기쁨, 집착 또는 기대 때문에, 알아차림이 느슨해지고 퇴보하기도 합니다. 목표에 거의 다 왔다고 생각하는 수행자는 매우 열성적으로 수행을 합니다. 그렇게 하는 동안 알아차림이 느슨해지고 퇴보가 일어납니다. 이는 마음이 들떠 있어서 현상에 적절하게 집중하지 못하기 때문입니다.

따라서 알아차림이 잘 되는 흐름을 타고 있을 때 수행자는 변함없이 알아차려야 합니다. 긴장을 풀어서도 안 되고, 특별히 노력하고자 하는 마음을 내어서도 안 된다는 의미입니다. 변함없이 지속하면 수행자는 빠르게 통찰지혜를 얻어서 모든 현상은 소멸하고 열반을 경험하게 됩니다.

어떤 수행자들은 이 단계에서 더 높이 올라갔다가 떨어지기를 몇 번이고 되풀이합니다. 이런 수행자들은 포기하지 말고 더욱 단호하게 붙잡고 있어야 합니다. 또한 육문六門의 모든 부분에서 일어나는 것은 무엇이든 알아차리려고 주의를 기울여야 합니다.

그러나 알아차림이 부드럽고 고요하게 지속될 때는 이렇게 전체적으로 알아차리는 방법이 불가능해집니다. 따라서 이런 식의 수행법은 수행의 계기momentum가 오고, 부드럽고 고요한 상태가 될 때까지 지속해야 합니다.

단지 알아차릴 뿐이다

수행자는 배의 일어남, 꺼짐을 대상으로 하거나 혹은 다른 방법인 몸과 마음을 대상으로 하거나, 어떤 방법으로든 수행을 시작하면 수행에 탄력이 붙는다는 것을 알게 될 것입니다. 그러면 알아차림은 저절로 부드럽고 고요하게 유지됩니다. 수행자는 분명하게 현상이 멈추고 사라지는 것을 힘들이지 않고 보고 있음을 알게 됩니다.

이때 수행자의 마음은 모든 부정不淨함으로부터 벗어나게 됩니다. 아무리 감각적이고 유혹적인 대상이 나타나도 그에게는 더 이상 아무 문제가 되지 않습니다. 또한 아무리 혐오스러운 대상이 나타나도 그에게는 더 이상 아무 문제가 되지 않습니다. 단지 보고, 듣고, 냄새 맡고, 맛을 느끼고, 감촉하고, 인식할 뿐입니다.

경전에 묘사된 바와 같은 여섯 가지의 평정심을 가지고 모든 현상들을 알아차립니다. 수행을 시작한 지 얼마나 되었는지조차도 알지 못합니다. 또한 어떤 방식으로든 숙고하는 것도 하지 않습니다.

그러나 두세 시간이 지났는데도 '도와 과에 대한 지혜'에 이르는 통찰지혜를 얻지 못하고 만족할 만한 진전이 없을 경우에는 집중력이 느슨해지고 생각에 빠지게 됩니다.

반면에 수행이 잘 될 경우에는 더 잘 되기를 기대하게 됩니다. 결과에 너무 집착하기 때문에 퇴보하는 것입니다. 그럴 때는 바로 그 사실을 그대로 알아차림으로써 기대하는 마음이나 숙고하는 것을 물리쳐야 합니다.

꾸준히 수행을 계속하면 다시 자연스럽게 진행될 것입니다. 그러나 통찰력이 충분하지 못하면 집중력은 다시금 느슨해집니다. 이러한 방식으로 어떤 수행자들은 진전과 퇴보를 몇 차례나 되풀이합니다. 이와 같은 통찰력의 진행과정에 대하여 배우거나 혹은 미리 들어서 알고 있는 수행자들의 경우, 이런 진보와 퇴보를 겪게 됩니다.

따라서 스승들의 지도를 받는 수행자들은 수행을 시작하기 전에 이러한 단계가 있다는 것을 아는 것이 좋지 않습니다. 단지 경험이 많은 스승의 지도 없이 수행을 시작하는 수행자들을 위해서 이런 과정이 있다는 것을 설명하였습니다.

수행 과정에 오르내림이 있더라도 수행자는 스스로 실망하거나 절망에 빠지지 않도록 해야 합니다. 이 수행자는, 말하자면 '도와 과에 대한 지혜'(성자의 단계에 들어가는 것과 그 결과)를 얻기 직전의 문턱에 있는 것입니다. 오근(五根, indriya)의 믿음, 힘(노력), 알아차림, 집중 및 지혜가 균형을 이루어 계발되면 곧 도과를 얻어 열반을 성취할 것입니다.

제3장 열반은 어떻게 실현되는가

앞서 말한 바와 같이, 수행을 하면서 지혜가 오르락내리락하는 것은 항해 중인 배에서 새를 날리는 것에 비유할 수 있습니다. 옛날에는 항해 중인 배의 선장이 배가 육지로 접근하고 있는지 아닌지 분명하지 않을 때 데리고 온 새를 날려 보냈습니다. 그러면 새는 육지를 찾기 위해 사방으로 날아갑니다. 육지를 찾을 수 없으면 새는 반드시 배로 돌아옵니다.

마찬가지로 도과를 얻고 열반을 성취할 정도로 지혜가 충분히 성숙하지 못할 경우에는, 새가 배로 돌아오는 것처럼 수행이 느슨해지고 지체됩니다. 새가 육지를 발견할 경우에는, 배로 돌아오지 않고 그 방향으로 계속 날아갑니다. 이와 같이 통찰지혜가 성숙하여 예리하고, 강하고, 선명해진다면, 육근의 어느 한 감각기관을 통해 나타난 현상으로부터 무상, 고통, 무아를 이해할 것입니다.

한층 더 선명하고 강하게 이해가 되면서 세 가지 성품 중 어느 하나에 대한 알아차림이 더욱 신속해지고, 빠르게 연속해서 서너 번 나타납니다. 점점 알아차림이 촉진되다가 소멸되는 마지막 의식 바로 뒤이어 도와 과에 도달하고, 모든 현상이 소멸하는 열반을 성취하게 됩니다.

이제는 깨달음의 직전에 비해서 알아차림이 더욱 선명해집니다. 알아차림의 마지막 순간에 뒤이어 현상(行, 업의 형성)의 소멸과 열반의 성취가 나타납니다. 그러므로 열반을 성취한 수행자는 다음과 같이 말합니다.

"알아차릴 대상과 알아차리는 의식이 모두 함께 소멸한다."
"넝쿨을 칼로 잘라내듯이, 대상과 알아차림의 행위가 끊어진다."
"마치 무거운 짐으로부터 벗어나듯이, 대상과 알아차림의 행위가 떨어져나간다."
"물건이 산산이 부서지듯이, 대상과 알아차림의 행위가 흩어져 버린다."
"마치 갇혀 있다가 풀려난 것처럼, 대상과 알아차림의 행위로부터 갑자기 자유로워진다."
"촛불이 갑자기 꺼지는 것처럼, 대상과 알아차림의 행위가 날아가 버린다."
"어둠이 밝음으로 갑자기 대체된 것과 같이, 갑자기 사라진다."
"분쟁에 휘말렸다가 자유로워진 것과 같이, 풀려나 버린다."

“물속으로 가라앉아버린 듯하다.”

“달리던 사람이 강제로 멈춘 것처럼 갑자기 멈춰 버린다.”

“모두 사라진다.”

수다원의 도과에 이르다

모든 현상의 소멸을 성취하는 순간은 그러나 길지 않습니다. 한순간의 알아차림으로 그칠 정도로 매우 짧습니다. 그래서 수행자는 무엇이 일어났는지 돌이켜봅니다. 그는 알아차림의 대상인 물질적 현상과 알아차리는 정신적 현상이 소멸하면 도과를 이룬다는 사실을 알게 됩니다.

이미 들어서 알고 있는 사람이라면, 현상의 소멸이 열반이고, 소멸과 지복의 성취가 도과라는 것을 압니다. 마음속으로 수행자는 다음과 같이 되뇔 것입니다.

“나는 이제 열반을 성취했고, 수다원의 도과를 얻었다.”

경전을 공부하였거나 이 주제에 대한 설법을 들은 자는 이와 같은 일을 명백히 알 수 있습니다.[20]

어떤 수행자들은 번뇌, 즉 이미 사라진 번뇌와 아직 사라지지 않은 번뇌에 대하여 돌이켜봅니다. 이렇게 돌이킨 뒤에도 몸과 마음에서 일어나는 현상을 알아차리는 수행을 계속합니다. 이때는 몸과 마음의 현상이 거칠게 알아차려집니다. 일어남과 사라짐의 모든 과정이 분명하게 나타납니다. 그러나 수행자는 알아차림이 느슨해지고 수행이 퇴보했다고 느낍니다.

---

20) 저자가 제시한 바와 같이, 수다원의 도나 사다함의 도와 같은 열반의 실현 단계를 설명하기 위하여 다음과 같은 두 문구를 참조하여 인용하기로 한다.

〔A〕 "열반을 성취한 자는 (끝남이 없다는 의미에서) 불멸을 성취한 것이고……."

"열반을 성취한다는 것은, 첫 번째 도를 얻는 순간에는 보아서(通察, dassana) 실현하는 경우고, 두 번째 도를 얻는 순간에는 수행으로 경험(修行, bhāvanā)해서 실현하는 경우다."

〔B〕 "……흐린 날 밤에 길을 따라 여행하는 자가 있다고 가정하자. 길은 캄캄하여 잘 보이지 않는다. 번개가 쳐서 어둠을 쫓는다. 어둠이 없어지면 길은 분명해진다. 이는 두 번째 여행에서도, 세 번째 여행에서도 마찬가지다.

마치 길을 떠나는 사람과도 같이 수행자는 도의 흐름에 들기 위해 노력을 기울여야 한다. 마치 어두움에 가려서 길이 보이지 않는 것과 같이, 어둠이 진실을 가리고 있다. 마치 번개가 치는 순간 어두움이 걷히는 것과 같이, 도의 흐름에 이르는 빛이 일어나면 진실을 가리고 있던 어둠이 걷힌다.

어둠이 걷히면 길이 분명히 드러나는 것과 같이 도의 흐름에 이르는 네 가지 진리〔四聖諦〕가 분명히 드러나는 때이다. 그리고 도가 분명히 드러난다는 것은 도를 이룬 자에게도 드러난다는 것이다.

두 번째 여행은 사다함의 도를 얻으려고 하는 것과 같고, 세 번째 여행은 아나함의 도를 얻으려는 것과 같다."

226

그러나 사실 그는 일어남, 사라짐을 아는 생멸의 지혜〔udayabbaya
ñaṇa〕의 단계로 돌아와 있는 것입니다. 알아차림이 느슨해지고 수행
이 퇴보한 것은 사실입니다. 이 단계로 되돌아왔기 때문에 밝은 빛이
나 대상의 형태를 볼 수 있는 것입니다. 어떤 경우에는 이 복귀로
인해 수행의 불균형이 생겨 알아차려지는 대상과 알아차리는 행위가
함께 일어나지 못합니다. 어떤 수행자들에게는 통증이 살짝 스쳐가
기도 합니다. 그러나 대체로 수행자들의 알아차림은 명확하고 밝습
니다.

이 단계에서는 수행자의 마음에 어떤 장애도 없이 자유롭습니다.
아무런 방해도 받지 않고 행복합니다.

이런 마음가짐으로는 마음을 알아차리려 해도 알아차릴 수가
없고, 이 사실을 분명히 알 수도 없습니다. 다른 것은 생각할 여지가
없습니다. 오직 밝음과 비교할 수 없는 행복만 있습니다.

이 느낌이 사라지면, 다시 몸과 마음에서 일어나는 현상을 알아차
릴 수 있습니다. 그리고 대상의 일어남과 사라짐을 분명히 알 수
있습니다. 얼마간의 시간이 지나면, 순조롭고 고요하게 현상을 알아
차릴 수 있는 단계에 이릅니다.

그때 통찰지혜가 성숙하면 다시 현상에 대한 '소멸의 지혜'에

이릅니다. 수행자의 집중력이 예리하고 굳건하다면 이 지혜가 자주 되풀이될 수 있습니다. 이때는 수행자의 목적이 첫 번째 도과를 얻는 것입니다. 이에 따라 반복하여 이 지혜를 얻게 됩니다.

지금까지 수행의 방법과 통찰지혜가 높아지는 단계, 그리고 수다원 도과의 성취에 대하여 설명하였습니다.

도와 과를 성취한 사람은 자신의 기질과 정신적 자세가 뚜렷하게 바뀌었다는 것을 알게 됩니다. 자신의 삶이 변했다는 것을 느낌으로 압니다. 불법승佛法僧 삼보에 대하여 확신에 찬 믿음이 매우 강하고 견고해집니다. 이러한 굳건한 믿음은 또한 환희와 평화로움을 얻게 해줍니다. 저절로 행복한 느낌이 솟습니다.

도과를 경험한 직후에는 잘 알아차리려고 노력해도 황홀한 경험 때문에 대상을 분명히 알아차릴 수 없습니다. 그러나 이런 경험은 몇 시간 또는 며칠이 지나면 점차로 사그라집니다. 그때는 현상을 다시 분명하게 알아차릴 수 있게 됩니다.

어떤 경우에는 수행자가 도과를 얻은 뒤, 큰 짐으로부터 벗어난 듯이 자유롭고 편안하게 느껴 수행을 다시 하고자 하지 않습니다. 도과를 얻겠다는 목적을 달성하였기 때문이니 그 마음도 이해할 만합니다.

다시 열반에 들어가다

도과의 지혜를 얻은 사람이 다시 한 번 과(果)의 지혜와 열반을 얻고자 한다면, 그것을 목적으로 하고 다시 주의 깊게 몸과 마음의 현상을 알아차리도록 해야 합니다.

통찰지혜 수행의 과정에서 범부의 경우에는 먼저 '정신과 물질을 구별하는 지혜'에서부터 시작하지만, 성자의 경우에는 일어남과 사라짐을 아는 '생멸의 지혜'에서부터 시작하도록 되어 있습니다.

그러므로 이 단계에서 수행자가 몸과 마음의 현상을 잘 알아차리면 곧 '생멸의 지혜'를 얻게 되며, 뒤이어 몇 단계의 통찰지혜를 거쳐 '현상에 대한 평등의 지혜'에까지 이르게 됩니다.

이 지혜가 더 성숙하면 그 결과 '과의 지혜'를 얻어 현상의 소멸 단계인 '열반'에 이릅니다. 이 지혜는 얼마나 오래 지속할 것인가를 미리 결정하지 않고(서원을 세우지 않고) 들어간 사람의 경우에는, 아주 짧은 순간으로 지나가지만 경우에 따라서 조금 더 지속되기도 합니다.

그러나 미리 오래 지속하겠다고 서원을 세우고 들어간 수행자는 하루 밤낮이라도 원하는 만큼 과의 지혜를 지속할 수 있다고 주석서에는 말하고 있습니다. 이와 같이 이 단계에서는 집중과 지혜의 계발에 깊이 몰두하고 있는 경우, 과의 지혜를 한 시간, 두 시간, 세 시간 등으로 연속시킬 수 있습니다. 수행자가 그만하고자 할 때에만 과의 지혜를 멈출 수 있습니다.

그러나 과의 지혜를 한두 시간 지속하는 도중에도 사유가 생길 수 있는데, 너덧 번의 알아차림만 하면 바로 사라지고, 다시 과의 지혜가 일어납니다. 어떤 경우에는 몇 시간 동안 아무 중단 없이 연속되기도 합니다.

과의 지혜가 지속되는 동안 의식은 완전하게 '열반'이라고 하는, 현상의 소멸 상태에 고정됩니다. 열반은 육체적, 정신적 현상으로부터 그리고 모든 세속적인 요인으로부터 완전히 자유로워지는 법(法, 대상)입니다.

그러므로 과의 지혜를 경험하는 동안에는 몸과 마음의 현상이나 세상에 대한 생각 또는 모든 세속에 대한 앎은 전혀 일어나지 않습니다. 세속으로부터 완전히 자유로워집니다. 모든 세속적인 지식과 집착으로부터 자유로워집니다. 주변에 보고, 듣고, 냄새 맡고 또한 촉감을 느끼는 대상은 있지만, 전혀 인지하지 못합니다. 자세는 굳건합니다. 좌선하는 동안 과의 지혜로 인한 환희가 몰려와도 좌선의 자세는 이전에 비해 흔들림이 없어 처지거나 굽어지는 일이 없습니다.

그러나 과의 지혜 과정이 끝나고 나면, 현상의 소멸이나 보고 듣는 것과 같은 대상에 대한 생각과 인지가 다시 일어납니다. 그러면 보통 일상의 수행으로 돌아오게 되고, 느낌이나 사유도 다시 일어납니다. 처음에는 현상이 뚜렷하지가 않고 알아차림도 잘 안 되는 것 같습니다. 그러나 통찰지혜가 확고한 사람의 경우에는 평상시처럼 순조롭게 수행을 지속할 수 있습니다.

여기에서 주의해야 합니다. 수행자는 수행에 들어가지 전에 지혜의 단계에 빠르게 들어가서 이것을 지속하겠다는 결심(서원)을 해야 합니다. 그러나 일단 몸과 마음에서 일어나는 현상을 알아차리기 시작하면 이 결심에 대하여 주의를 기울여서는 안 됩니다.

지혜가 충분히 계발되기 전까지는 현상에 대한 알아차림이 아주 잘 된다고 하더라도 소름끼침, 하품, 전율, 흐느낌과 같은 느낌으로 인해 수행의 계기가 늦게 올 수 있습니다.

알아차림의 행위가 점점 힘을 얻어가면서 목표에 대한 기대감이 높아져서 수행이 느슨해질 수도 있습니다. 그러나 수행 이외의 것에 대한 생각을 해서는 안 되며, 무의식중에 그렇게 했을 때는 그 생각을 바로 알아차려야 합니다.

어떤 수행자는 알아차림의 행위에서 몇 차례의 계기를 놓친 뒤에야 과의 지혜에 도달합니다. 집중이 약하면 과의 지혜를 얻기까지 오랜 시간이 걸리고, 일단 얻은 뒤에도 오래 지속되지 않습니다.

지금까지 과의 지혜의 과정에 대하여 설명하였습니다.

다시 살펴본다

어떤 수행자들은 두려움의 지혜, 고난의 지혜, 혐오의 지혜, 해탈을 원하는 지혜 등의 단계를 통과하기는 했지만, 그렇다고 해서 그 지혜들이 분명하게 드러나는 것은 아닙니다. 그러므로 이것들을 다시 살펴보고자 하는 경우에는 한정된 시간을 정해 놓고 하나하나씩 돌이켜보아야 합니다.

예를 들어, 반시간 혹은 한 시간 동안 생멸의 지혜에 머물겠다고 서원을 세운 다음에는 대상의 일어남, 사라짐에 대해서만 주의를 기울여야 합니다. 지금까지는 생멸의 지혜에만 그대로 머물러 있었기 때문에 통찰력에 있어서는 별 진전이 없었을 것입니다.

그러나 그 단계가 끝나면 자연스럽게 소멸의 지혜가 일어납니다. 만약 저절로 지혜가 생기지 않는다면 정해진 어느 시간만큼 소멸의 지혜에 머물겠다고 결심한 뒤, 소멸에 대하여 주시해야 합니다. 결심했던 그 시간만큼 지혜가 일어날 것입니다.

정한 시간이 지나면 자연스럽게 단계의 지혜가 일어납니다. 만약 그렇지 않다면, 두려운 대상에 수반하는 두려움에 대한 지혜를 알고자 의도를 내야 합니다. 그러면 두려운 대상과 함께 두려움에 대한 지혜가 생길 것입니다.

그러고 나서 주의를 비참한 대상으로 돌리면 고난에 대한 지혜가 곧 일어날 것입니다. 혐오스러운 대상으로 마음을 기울이면 혐오에 대한 지혜가 곧 일어날 것입니다. 알아차리는 모든 대상에 대해 혐오감을 느끼면서 혐오감에 대한 지혜가 굳어집니다.

그러면 다음 단계인 해탈을 원하는 지혜에 대하여 생각해야 합니다. 모든 현상으로부터 해방되고자 하는 강한 욕망에 사로잡혀 이에 대한 지혜를 간절히 원하게 될 것이고, 노력을 기울인 뒤에는 지혜를 얻을 수 있을 것입니다.

더 높은 다음 단계를 원할 때, 수행자는 고통을 느끼거나, 자세를 바꾸고 싶어 하거나 또는 불만족스러운 느낌으로 인해 불안해 하지만, '다시 살펴보는 지혜'를 얻을 수 있습니다.

그러면 수행자는 평등한 느낌으로 주의를 돌려야 합니다. 수행의 계기가 오면서 자연스럽게 다시 살펴보는 지혜를 얻게 됩니다.

이렇게 시간을 정해 놓고 알아차림에 몰두하는 방법을 통해, 수행자는 얻고자 하는 특정한 지혜를 얻을 수 있고, 정해진 시간이 지난 뒤에는 마치 바로미터와도 같이 다음 단계의 지혜로 진행할 수 있습니다. 위에서 서술한 바와 같은 지혜가 만족스럽지 못할 때는 만족스러워질 때까지 되풀이해야 합니다.

정성을 많이 쏟는 수행자라면, 진전이 매우 빠르게 일어나 잠깐 동안에 '현상에 대한 평등의 지혜'는 물론 '도과의 지혜'의 단계까지도 갈 수 있습니다. 수행에 능숙한 수행자는 걷거나 먹는 동안에도 과의 지혜에 이를 수 있습니다.

제4장 어떻게 더 높은 도과에 도달하는가

수행자가 첫 번째 도에 대한 과果의 지혜를 빠르게 얻는 과정에서 충분히 만족하고, 그 단계에 오랫동안 머무르고 나면, 보다 높은 단계를 얻기 위해 노력해야 합니다. 수행자는 굳은 마음으로 한정된 시간을 정해 놓고 다음과 같이 결심해야 합니다.

'이 기간 동안 나는 과의 지혜를 경험하지 않을 것이다. 그 과의 지혜가 또 일어나지 않기를 바란다. 내가 아직 얻지 못한 더 높은 단계에 이를 것이다. 원하는 바를 성취할 것이다.'

이런 굳은 결심을 한 뒤, 평상시와 같이 몸과 마음의 현상(나타난 진행과정, process)을 알아차려야 합니다. 이렇게 시간을 정해 놓는 이유는 이미 성취한 도와 과의 지혜에 쉽게 도달할 수 있기 때문입니다.

시간의 한계를 정하지 않고 더 높은 단계를 얻고자 노력할 경우,

또다시 낮은 단계의 과의 지혜에 이르는 것조차 안 될 수 있습니다.
이와 같이 더 높은 단계에 이르지도 못하고, 낮은 단계의 지혜로
되돌아가지도 못하게 되면 수행자는 불만과 실망으로 혼란스러워
질 것입니다.

이미 얻어진 과의 지혜에 다시 들어가지 않겠다는 서원을 세우
면, 특정한 기간 동안에는 그 지혜가 오지 않는다는 이점이 있습니
다. 그러다가 충분히 통찰지혜가 성숙하면 더 높은 단계에 이를
수 있습니다. 만약 그것을 바라는 마음을 완전히 버리지 못하면,
전 단계의 과의 지혜가 다시 옵니다. 그렇기 때문에 정해 놓은
기간 동안에는 이러한 바람을 완전히 버려야 합니다.

더 높은 단계를 얻고자 하는 마음을 가지고 수행을 시작할 때는
'생멸의 지혜'에서부터 통찰력이 향상되기 시작합니다. 그런데 그
통찰력 향상은 과의 지혜를 다시 얻고자 노력할 때와 비슷한 것이
아니라, 낮은 단계에서 수행할 때와 똑같은 방법으로 진행됩니다.

생멸의 지혜인 초기의 단계에서 일어났던 것과 같은 밝은 빛이나
형태가 나타날 수 있습니다. 통증을 느끼는 사람도 있습니다. 몸과
마음에서 일어나는 현상도 뚜렷합니다.

과의 지혜를 다시 얻기 위해 수행을 할 때는 '현상에 대한 평등

의 지혜'를 얻기까지 오래 걸리지 않았지만, 이번에는 충분한 통찰력을 가지고 있지 않으면 낮은 단계에 오랫동안 머물게 됩니다.

그렇다고 해서 낮은 단계의 수행을 할 때와 같은 어려움에 직면하지는 않습니다. 차근차근 하나씩 지혜를 얻어 가면 하루 만에 '현상에 대한 평등의 지혜'를 얻는 것도 가능합니다. 정신적 현상인 지혜가 한층 더 선명하고 분명하며 명료합니다.

두려움, 고난, 혐오, 세속의 고통으로부터 해탈하고자 하는 욕구도 더욱 강해집니다. 이전에는 한 시간에 네다섯 번 과果의 지혜를 얻는 것이 가능했으나, 이번에는 다음 단계에 이를 만한 통찰지혜가 제대로 성숙하지 않으면 '현상에 대한 평등의 지혜'에 그대로 머물게 됩니다. 이 상태가 하루 또는 몇 달, 몇 년 계속될 수도 있습니다.

통찰지혜가 성숙하면 현상(行, 업의 형성)에 대한 분명한 알아차림이 생기고, 이 현상에 대한 소멸과 함께 보다 높은 단계에 도달할 수 있습니다. 그러면 그때 다시 살펴보는 지혜가 생깁니다. 그다음에는 정신적 현상이 매우 분명해지면서 생멸의 지혜의 단계로 되돌아갑니다.

이상으로 사다함의 도, 즉 일래과一來果를 얻기까지의 통찰에 대한 진행과정을 설명하였습니다.

아나함의 도과

다시 수행자가 굳은 결심을 하고 세 번째 단계인 아나함도에 이르고자 한다면, 또다시 기간을 정해 놓고 그 전 단계의 지혜를 얻고자 하는 욕망을 완전히 버려야 합니다. 수행자는 다음과 같이 결심합니다.

'더 높은 단계로 가는 통찰지혜의 과정만을 원한다. 더 높은 도과를 얻기를 원한다.'

그러고 나서 몸과 마음에 대한 일상의 수행을 시작해야 합니다. 생멸의 지혜로부터 시작하지만, 곧 하나씩 더 높은 단계의 지혜를 얻어 '현상에 대한 평등의 지혜'에 이를 것입니다. 통찰지혜가 충분히 성숙하지 않으면, 이 단계에 머무를 것입니다. 그러나 충분히 성숙하면, 현상이 소멸하고, 세 번째 도과에 대한 지혜를 갖게 될 것입니다.

이상은 세 번째 도과인 아나함, 즉 불환과不還果에 대하여 설명하였습니다.

아라한의 도과

수행자가 네 번째로, 성자^{聖者}의 도인 마지막 도과, 즉 아라한과^{阿羅漢果}를 얻고자 한다면, 기간을 정해 놓고 그 기간 동안 세 번째 단계의 도과를 얻고자 하는 욕망을 버려야 합니다. 그러고 나서 몸과 마음에 대한 일상의 수행을 시작해야 합니다.

이것이 『대념처경』에서 말하고 있는 유일한 방법입니다. '생멸의 지혜'로부터 시작해서 곧 '현상에 대한 평등의 지혜'를 얻게 됩니다. 통찰지혜가 성숙하지 않은 경우에는 여기서 오래 머뭅니다. 통찰지혜가 성숙해지면 수행자는 현상의 소멸과 함께 아라한도를 얻을 것입니다.

바라밀 공덕과 노력

앞에서 통찰지혜를 계발함으로써 도과의 지혜를 실현한다고 한 말은 바라밀이 충분히 성숙한 자에게만이 해당합니다. 바라밀 공덕이 충분하지 못한 경우에는 '현상에 대한 평등의 지혜'에 머물게 됩니다. 여기서 중요한 것은, 첫 번째 도과를 얻은 자는 두 번째 도과를 비교적 수월하게 얻게 되지만, 세 번째 도과를 얻으려면 한동안 어려울 것이라는 사실입니다.

그 이유는 첫 번째와 두 번째 도과를 얻은 자는 계율에 있어서는 귀감이 되는 자들로서, 계율(戒律, sila)을 지키는 훈련이 잘 되어 있기 때문입니다.

세 번째 도과를 얻은 자의 경우에는 또한 집중이 완전하게 계발되어 있습니다. 그러므로 집중을 계발하기 위해 많은 노력을 하지 않으면 세 번째 도과에 쉽게 들어갈 수 없습니다.

어쨌든 역량을 개발하기 위해 극도의 노력을 기울이지 않으면, 누구도 이 도과를 얻을 수 있는지 여부조차도 장담할 수 없습니다. 어떤 경우에는 도과를 성취하는 데 아주 오랜 시간이 걸립니다. 그런데 도를 얻는 데 시간이 오래 걸린다고 해서 그것이 바라밀 공덕이 부족한 때문이라고만 생각할 필요는 없습니다.

다시 말해 지금 이 순간의 노력을 통해 바라밀 공덕을 쌓아서 완성으로 다가갈 수 있는 것입니다. 그러므로 스스로가 바라밀 공덕이 있는가, 없는가를 저울질하면서 시간을 낭비할 필요는 없습니다.

수행자는 다음과 같이 명확한 요점을 마음에 새기고, 도과에 대한 열망을 성취하기 위해 최대한의 노력을 기울여야 합니다.

바라밀의 개발은 노력을 통해서만이 가능합니다. 바라밀 공덕을 충분히 쌓은 사람이라도 노력이 없이는 어떠한 도과도 얻을 수 없습니다. 그러나 그런 사람이 노력을 기울이면 수월하고도 빠르게 도과를 얻을 수 있습니다.

어느 정도까지 바라밀 공덕을 쌓았다면, 노력을 기울임으로써 충분히 성숙한 단계에 도달할 것이고, 결과적으로는 얻고자 하는 도과를 얻을 수 있습니다. 적어도 다음 생에는 도과를 얻을 수 있는 가능성의 씨앗을 뿌린 것입니다.

조언

오늘날 세속의 고통으로부터 벗어나 위빠사나(통찰지혜) 수행의 궁극적인 목적인 도과를 얻기 위해 최선의 노력을 기울이고 있는 사람들은 앞서 서술한 바와 같이 몸, 느낌, 마음 및 알아차릴 대상을 지켜보는 수행, 다시 말해 알아차림을 확립하는 수행을 할 것을 권합니다. 실제로 이것이야말로 '반드시' 해야만 하는 것입니다.

이 책에서 언급한 바와 같은 통찰지혜 수행의 기술은 지적 능력이 충분한 사람에게 적합합니다. 그런 사람들이 이 책을 읽는다면, 확고한 신심과 열정적인 노력, 근면한 태도로 체계적으로 수행에 임하기 때문에 반드시 진전을 이룰 수 있을 것입니다.

그러나 이 짧은 책을 통해서 수행자의 세부적 경험과 통찰지혜의 발전 과정을 모두 설명한다는 것이 불가능하다는 것을 명심할 필요가 있습니다. 사실 설명하지 못한 중요한 내용이 많습니다.

또 한편으로는 이 책에 서술하고 있는 경험을 모든 수행자가 겪는 것은 아닙니다. 수행자의 능력과 바라밀에 따라 차이가 있을 수 있습니다. 또한 수행자의 믿음, 노력, 근면함이 일정하게 유지되는 것도 아닙니다. 더 나아가 스승이 없이 책의 지식에만 의존할 수밖에 없는 수행자는 긴 여로를 떠나 본 적이 없는 여행자처럼 걱정스럽고 신중해야 할 것입니다. 그러므로 그런 수행자의 경우, 이끌어주고 격려하는 스승이 없이 도과를 얻어 열반을 성취하기가 무척 어려울 것입니다.

이와 같기 때문에 진실로 도과와 열반을 얻고자 하는 사람은,

가장 낮은 단계의 지혜에서부터 가장 높은 단계의 지혜인 도과를 성취하고, 또 이것을 다시 살펴보는 과정에 이르기까지 자신의 경험을 통해서 자신을 이끌어 줄 자격을 갖춘 스승을 찾아야 합니다.

이는 인연품(因緣品, Nidāna Vagga)과 상윳따 니까야(Saṃyutta Nikāya, 想應部)에서 언급하는 다음과 같은 이야기에서 찾을 수 있습니다.

"소멸과 죽음에 대하여 '있는 그대로'의 지혜를 얻기 위해서는 반드시 스승을 찾아야 한다."

만약 어떤 사람이 자만심이 지나쳐서 '나는 뛰어난 사람이다. 내가 왜 다른 사람에게 배워야 하는가'라고 생각한다면, 뽀띨라 장로의 경우와 같이 자만심을 먼저 제거해야 합니다.

수행하는 과정에는 다음과 같은 붓다의 가르침을 마음에 새겨서 목표에 닿을 때까지 온 힘을 기울여야 할 것입니다.

"게으름과 박약한 의지를 극복하는 자는,
열반을 얻어 고통으로부터 벗어날 것이다.
선남자여, 참으로 유례가 없는 자여!
마지막 짐을 견딘 마군의 정복자여!"

부록_ 명상수행의 기법

『대념처경』에서는 다음과 같이 설하고 있습니다.

"더 나아가 비구들이여, 비구는 걷고 있을 때 '나는 걷고 있다'라고 알아차린다. 혹은 서 있을 때, 앉아 있을 때, 누워 있을 때 그것을 알아차린다."

"비구들이여, 수행자는 앞으로 나가거나 뒤로 돌아갈 때, 앞을 보거나 뒤를 볼 때, 팔다리를 구부리거나 펼 때, 아래 가사를 입거나 위 가사를 입을 때, 발우를 들 때, 먹거나 마시거나 씹고 맛볼 때, 대소변을 볼 때도 분명히 알아차리면서 한다. 갈 때, 서 있을 때, 앉아 있을 때, 잠들 때, 깨었을 때, 말할 때 혹은 침묵을 지킬 때

---

* 이 글은 저자이신 마하시 사야도의 주석과 함께 빨리어 경전인 『대념처경』을 번역하여 발췌한 것입니다. 이는 명상수행 기법의 발전을 돕기 위한 확장 본으로 제공되었으며, 붓다의 말씀인, 알아차림을 확립하는 수행 전반에서 비롯한 근본적인 가르침을 참고한 것입니다.

도 내가 무엇을 하는지 알면서 한다.”

“더 나아가 비구들이여, 수행자는 어떤 곳, 어떤 상황에서도 이 몸에 대한 4대四大의 요소를 숙고한다.”

“비구들이여, 수행자는 즐거운 느낌이 있으면, ‘나는 즐거운 느낌을 느낀다’라고 숙고하면서 알아차린다. 이와 마찬가지로 괴로운 느낌을 알아차린다.”

“비구들이여, 수행자는 자신의 마음에 탐욕이 있으면 그렇다고 알아차린다. 혹은 그의 마음에 탐욕이 없으면 그렇다고 알아차린다.”

“비구들이여, 수행자는 그에게 감각적 욕망이 있으면, ‘나에게 감각적 욕망이 있다’라고 숙고하면서 알아차린다.”

이와 같은 붓다의 가르침에 맞추어서 다음과 같이 구어체로 언급되어 있다:

복부가 일어날 때는 ‘일어남’,
복부가 꺼질 때는 ‘꺼짐’,
팔을 굽힐 때는 ‘굽힘’,
팔을 펼 때는 ‘폄’,

망상이 떠오를 때는 '망상함',

생각하거나 숙고하거나 혹은 알 때도 그렇게 하는 것을 알아차리고,

뻣뻣하거나 화끈하거나 혹은 아프다고 느낄 때도 그렇다고 알아차리고,

걷거나 서거나 앉거나 혹은 누울 때도 그렇다고 알아차린다.

여기에 걷기 등 일상의 용어로 말하는 것은 빨리어 경전에서 말하는 '사지四肢의 움직임에서 드러나는 풍대風大의 요소를 알아차리는 것'이라는 사실을 알아두어야 합니다.

일어나고 꺼지는 복부의 움직임

복부의 일어나고 꺼지는 움직임을 주시하는 수행은 붓다의 가르침과 전적으로 일치합니다. 여기에서의 일어남과 꺼짐은 풍대의 힘에 의해서 일어나는 물질적 현상입니다. 바람의 요소는 육체적, 정신적 현상을 구성하는 오온(五蘊, khandha)의 색온色蘊, 12처(處, āyatana) 중에서 감각대상, 18계(界, dhātu) 중에서 몸의 느낌〔身識〕, 4대mahābhuta 중에서 풍대, 사성제 중에서 고성제에 포함됩니다.

246

색온, 감각대상, 몸의 느낌, 고성제는 분명히 통찰수행의 대상입니다. 그렇지 않을 이유가 없습니다. 따라서 배의 일어나고 꺼지는 움직임은 주시의 대상으로 적합합니다. 이렇게 주시하는 동안에는 풍대의 움직임을 알아차릴 뿐이며, 무상, 고, 무아의 법칙에 속하는 것이며, 오온과 12처, 18계, 4대, 사성제에 대한 붓다의 가르침에 어긋남이 없습니다.

그러므로 배가 일어나고 꺼질 때 느껴지는 압력과 움직임은 바람의 성품이 감각으로서 드러난 것이며, 이를 바르게 인지하는 것은, 다음에 간단하게 인용한 붓다의 가르침과 상통하는 것입니다.

"비구여, 그대는 마음을 완전히 몸에 집중하고, 그 본래의 성품이 무상하다고 보는가."

"비구여, 수행자가 항상하지 않은 몸을 무상하다고 본다면 이는 바른 견해〔正見〕이다."

"여기에서 오, 비구들이여! 수행자는, '물질적 형상도 이와 같고, 시작도 이와 같으며, 사라짐도 이와 같다'라고 숙고한다."

"비구들이여, 그대는 마음을 완전히 감각대상에 집중해서 그 본래의 성품이 무상하다고 보는가."

"수행자들이여, 수행자가 감각대상을 무상하다고 본다면 이는
바른 견해이다."

"그러나 감각대상을 완전히 알고, 이해하고, 이에 대한 집착을
버리고, 끊어버림으로써 수행자는 고통을 소멸시킬 수 있다."

"내면에서 감각대상이 무상하다는 것을 알고, 봄으로써 무명無明
이 사라지고 지혜가 일어난다."

"여기에서 오, 비구들이여. 수행자는 감각기관의 촉감을 알아차
린다."

"내부 움직임의 요소나 외부 움직임의 요소나 그 어느 것이든
그냥 움직임의 요소일 뿐이다. 직관적 지혜를 완전히 갖추면, 있는
그대로의 성품을 보게 된다. 그리하여 나의 것, 나, 나의 자아로 보지
않는다."

그러므로 배의 일어남과 꺼짐을 주시하는 것은 가르침과 일치
하는 것이고, 또한 『대념처경』(四大를 주시하는 것)과도 일치하는 것임
을 알 수 있습니다. 또한 배의 움직임과 압력의 원인이 되는 바람의
요소는 색온色蘊과 고성제에 속합니다.

"비구들이여, 무엇이 질병의 법法인가? 다섯 가지 집착의 무더기〔五取蘊〕라고 해야 할 것이다."

"비구들이여, 질병도 하나의 법으로서 완전히 이해되어야 한다."

먼저 물질적인 것에서부터 시작한다

통찰지혜 수행자는 정신적인 것보다는 구별하기 쉬운 물질적인 것으로부터 시작해야 합니다.

"통찰지혜를 수행의 수단으로 하는 자는 네 가지 요소를 구분해야 한다."

"이런 현상에 대한 이해를 증장시키려면, 그 현상 중에서 각자에게 분명하고 구별하기 쉬운 것에서부터 시작해야 한다."

"통찰지혜 수행은 잘 구분할 수 있는 현상으로부터 시작한다. 그러므로 처음에는 잘 구분되는 것을 이해하는 것으로부터 시작한다. 그러나 나중에는 쉽게 구분할 수 없는 것도 점점 구분할 수 있게 되고, 이해할 수 있게 된다."

상술한 주석서나 주석서에 대한 복주覆註의 해설에 따라서 배의 일어남, 꺼짐을 알아차리는 것으로부터 시작하는 수행자들에게는 수행을 촉진하기 위한 지도방법이 있습니다.

그러나 집중력이 계발되면 육문에서 일어나는 것은 무엇이든 모두 지켜보아야 합니다. 수행자들에게는 역시 이 현상에 따른 지도방법이 있습니다. 지도하는 대로 하면 수행자들은 알아차림을 잘할 수 있습니다. 따라서 배의 일어남과 꺼짐만을 주시해도 충분하다는 것은 의심의 여지가 없습니다.

육문에서의 일어남을 주시한다

육문에서 일어나는 것은 무엇이든 그것을 주시해야 하지만, 그것을 생각으로 해서는 안 됩니다. 육문에서 일어나는 한 가지 대상 혹은 다른 대상에 대해서만 그대로 주의를 기울여야 합니다.

"대상을 보아도 아무런 욕망을 일으키지 않고, 다만 명철한 머리로 알아차리는 자는, 가슴의 불을 끄고, 집착하지 않으면서, 느낌을 받아들일 수 있다."

“듣거나, 냄새를 맡거나, 맛을 보거나 혹은 무엇이 닿아도 욕망을 일으키지 않고, 다만 명철한 머리로 알아차리는 자는 가슴의 불을 끄고, 집착하지 않으면서, 느낌을 받아들일 수 있다.”

배의 일어남과 꺼짐을 주시하면서 배의 움직임과 압력을 알아차리는 수행자는 ‘욕망이 생기지 않으며, 다만 명철한 머리로 알아차리면서 느낌을 받아들일 수 있다’는 것입니다.

“비구들이여, 모든 것은 완전히 알도록 되어 있다. 비구들이여, 완전히 알도록 되어 있는 모든 것이란 무엇인가? 비구들이여, 보는 눈[眼]을 완전히 알게 되고, 시각대상을 완전히 알게 되며, 보는 의식[眼識]을 완전히 알게 되고, 시각 접촉을 완전히 알게 되며, 시각 접촉을 원인으로 좋거나 싫거나 또는 덤덤한 상태를 경험하는 것도 역시 완전히 알게 된다. 귀를 완전히 알게 되며, 소리를 완전히 알게 되고, 코를…… 냄새를…… 혀를…… 맛을…… 몸을 완전히 알게 되며, 감촉으로 느끼는 모든 것을 알게 되며…… 마음을 완전히 알게 되며, 마음의 상태를 완전히 알게 된다.”

위의 문단에서 ‘완전히 알게 된다’라는 것은 육문에서 일어나는 물질과 정신을 알게 된다는 것을 뜻합니다. 배의 일어나고 꺼지는 움직임을 앎으로써 ‘감촉을 통해 느끼는 모든 것을 알게 된다’는 의미입니다.

"비구들이여, 눈을 이해하게 되고, 시각대상을 이해하게 되며, 몸을 이해하게 되고, 감촉을 이해하게 되며, 마음을 이해하게 되고, 마음의 상태를 이해하게 된다."

선정수행을 거치지 않은 통찰수행

선정수행禪定修行을 해서 근본집중을 계발하지 않은 상태에서도 곧바로 위빠사나의 통찰수행을 시작할 수 있습니다.

"여기에서 어떤 사람들은 고요함을 먼저 계발하지 않고도 다섯 가지 집착의 무더기인 오취온五取蘊을 무상한 것이라고 주시한다. 이렇게 지켜보는 것을 통찰 수행이라고 한다."

이 주석서가 언급하는 것은, 근접집중이나 근본집중을 얻기 위해 매진하지 않아도 통찰지혜 수행을 시작할 수 있다는 것을 보여주는 것입니다. 이런 방법으로 네 가지 요소를 구분하는 통찰지혜를 가진 사람의 경우에도 역시 이렇게 할 수 있음을 말하고 있습니다. 더구나 『대념처경』의 21가지 알아차릴 대상 중에서 호흡에 대한 알아차림, 몸의 혐오에 대한 숙고, 아홉 가지 묘지에 대한 숙고를 제외하고는 모든 부분에서 통찰 수행의 방식을 따르고 있으므로, 통찰 수행이 가능하다는 것은 분명합니다.

그러나 주석서에서도 이것들은 근접집중에 관한 수행을 다루는 것이라고 한 것에서 알 수 있듯이, 몸의 자세 등을 주시하는 동안 근접집중이 계발되고, 다섯 가지 장애를 극복하고, 청정한 마음을 얻을 수 있다는 것으로 이해해야 합니다.

그러므로 위에 언급한 부분에 대하여 청정도론에서는 '요소의 구분dhatūvavatthana'이라는 명상 주제 하에, 통찰 수행에 관한 물질적 요소를 숙고하는 문제에 대하여 다루고 있는데, 네 가지 요소를 주시하는 동안에는 장애를 극복하고, 집중력이 계발된다고 지적하고 있습니다. 이 주석서에서 언급하는 것으로 미루어, 네 가지 요소 또는 그중 한두 가지 혹은 세 가지 요소를 주시함으로써 근접집중을 계발할 수 있으며, 장애를 극복하고 청정한 마음을 얻을 수 있다는 것을 굳게 믿고 확신을 가져야 합니다. 열심히 수행하는 자라면 스스로 경험할 수 있는 것입니다.

근접집중으로 청정한 마음을 얻는다

"청정한 마음은 근접집중과 근본집중의 두 가지 요소를 가지고 있다.”

　　“의식의 청정함은, 이를테면 근접집중과 함께 계발되는 여덟
가지를 얻는 것이다.”

　　“근접집중은 근본집중과 마찬가지로, 통찰 수행과 청정한 마음
의 토대가 된다. 이 때문에 주석서에는 ‘근본집중과 함께’라고 설명
하고 있다.”

　　“보통의 수행자는 수행을 할 때 이런 생각을 한다. ‘여덟 단계의
수행 중에서 한 단계를 성취하고 나면, 의식을 집중하고 통찰 수행
을 해야 한다.’ 한 가지에 몰두하는 집중력 계발은 통찰지혜에 ‘가까
운 원인’을 제공하므로 통찰지혜를 얻는 데 이익이 있다. 근접집중
도 마찬가지로 혼란(복잡한 주변 환경) 속에서 그런 조건을 ‘열어주는
wide open’ 방법으로서의 이익이 있다.”

　　“조건을 ‘열어주는’ 방법이란, 기회를 얻을 수 있는 방법을 의미
하는 것으로, 붓다의 생에서 아홉 번째 기회가 오면서 도와 과,
열반의 이익을 얻게 되었다는 것을 의미한다. 부연설명을 하면,
붓다의 법[正法]을 만나기는 매우 어려운 것이므로, 두려움에 사로잡
혀 윤회로부터 벗어나기를 간절히 원하는 사람은 근본집중을 얻기
까지 기다리지 못하고, 근접집중만을 기본으로 하는 통찰지혜 수행

254

을 시작한다."

위의 두 문단은 청정한 마음은 근접집중만으로도 성취할 수 있음을 분명히 말하고 있으며, 따라서 통찰지혜 수행도 가능하다는 것을 뜻합니다.

"오온은, 고결한 수행자가 하는 방법으로, 무상하고, 괴롭고, 병든 것, 사기꾼, 화살과 같은 것, 고통, 병약함, 낯선 것, 일시적인 것, 공허하고 무의미한 것이라고 숙고해야 할 조건이다."

"수다원인 수행자도…… 이와 같이 오온을 숙고해야 한다."

"사다함인 수행자도…… 이와 같이 숙고해야 한다."

"아나함인 수행자도…… 이와 같이 숙고해야 한다."

"참으로, 도반이여, 고결한 수행자는 이와 같이 오온을 숙고하는 방법으로 수다원과에 도달할 수 있으며, 수다원인 수행자는…… 사다함과를 얻을 수 있으며, 사다함인 수행자는…… 아나함과를 얻을 수 있으며, 아나함인 수행자는…… 아라한과를 얻을 수 있다."

진리에 대한 이 설법은 고결한 자는 오온을 숙고하며, 그렇게

함으로써 단계적으로 수다원과, 사다함과, 아나함과 그리고 아라한
과를 얻는다는 것을 분명히 하고 있습니다. 배의 일어남, 꺼짐은
색온에 포함되는 바람의 요소입니다. 그러므로 배의 일어남, 꺼짐의
움직임과 육근에서 생기는 오온을 주시하는 수행법은 적절하고 바른
것이며, 아라한과로 이끈다는 사실을 마음에 새겨야 합니다.

마지막으로, 몸에서 일어나는 어떤 것이든 물질적 현상의 자연적
성품을 주시하는 것은 매우 적절한 방법이라는 것과, 마찬가지로
몸에서 일어나는 어떤 것이든 바람의 요소를 주시하는 것도 매우
적절하고 바르다는 사실을 특히 명심하기 바랍니다.

1970년 10월 10일
바딴타 소바나
아가 하마 빤디따
마하시 사야도